Semaine Littéraire du Courrier des Etats-Unis.

# ADRIANI,

PAR

GEORGE SAND.

NEW-YORK,
CHARLES LASSALLE, Éditeur,
73, Franklin Street.

1854

# ADRIANI.

## PREMIÈRE PARTIE.

A MADAME ALBERT-BIGNON.

Quand je commence un livre, j'ai besoin de chercher la sanction de la pensée qui me le dicte, dans un cœur ami, non en l'importunant de mon projet, mais en pensant à lui et en contemplant, pour ainsi dire, l'âme que je sais la mieux disposée à entrer dans mon sentiment.

Vous qui avez exprimé sur la scène tant de fortes et touchantes nuances de la passion, vous n'êtes pas seulement à mes yeux une artiste célèbre, vous êtes, comme femme de cœur et de mérite, le meilleur juge des sentiments élevés et chaleureux que je voudrais savoir peindre.

C'est donc à vous que je songe comme au lecteur le plus capable d'apprécier la sincérité de mon essai et d'y porter l'encouragement d'une foi semblable à la mienne. Quand vous lirez ce roman, quand il sera écrit, il est bien certain que l'exécution ne me satisfera pas, et que, comme d'habitude, je n'aurai pas réalisé la conception qui m'apparait vive et riante au début. C'est pourquoi je veux vous en dédier l'*intention*, qui en sera probablement toute la valeur.

Cette intention, la voici. Si je m'en éloigne, j'aurai mal rempli mon but.

L'amour est l'intarissable thème qui a servi, qui servira toujours, je crois, aux créations du roman et du théâtre. Pourquoi s'épuiserait-il ? Il y a autant de manières de comprendre et de sentir l'amour qu'il y a de types humains sur la terre. L'amour du poète, l'amour du savant, l'amour du pauvre et celui du riche, celui de l'homme cultivé et celui de l'ignorant, l'amour sensuel et l'amour idéaliste, tous les amours de ce monde enfin ont chacun sa théorie ou sa fatalité.

Les belles âmes peuvent seules approcher de la plénitude des affections. Je ne les crois pas tellement rares, que leur puissance paraisse invraisemblable.

Cependant, on voit souvent dans les romans les grands amours naître dans des types trop exceptionnels ou dans des situations trop particulières. On n'admet pas souvent que l'homme vivant dans le monde et jouissant de toute la manifestation de ses facultés s'attache à un sentiment unique. On choisit les *amoureux* dans la classe des rêveurs, des solitaires, des enthousiastes sans expérience, des natures incomplètes en un mot. C'est le scepticisme et la raillerie du siècle qui causent souvent cette timidité d'auteur.

Surmontons-la, me suis-je dit, et osons croire ce que beaucoup de sceptiques savent, ce que nous savions nous-même être vrai, au milieu et en dépit des doutes chagrins de la jeunesse : c'est que l'amour n'est pas une infirmité, l'amère ou la pâle compensation de l'impuissance intellectuelle, de l'inaptitude à la vie collective et sociale. Ce n'est pas non plus une virginité tremblante, un appétit violent qui se cache sous les fleurs de la poésie. C'est bien plutôt une maturité jeune, mais solide, de l'esprit et du cœur, une force éprouvée, une plage où les flots montent avec énergie, mais qu'ils n'entraînent pas dans les abîmes.

Quoi qu'il résulte de ce dessein, que ma plume le trahisse ou le complète, sachez, noble et chère amie, que je l'ai formé en songeant à vous.

GEORGE SAND.

Nohant, septembre 1853.

I.

LETTRE DE COMTOIS A SA FEMME.

Lyon, 12 août 18..

Ma chère épouse, la présente est pour te dire que j'ai quitté le service de monsieur le comte. C'est un homme quinteux qui ne pouvait me convenir, et je l'ai quitté sans regret, je peux dire. Il m'a fait une scène dans laquelle il m'a dit des mots, et cher ՛ ՛ de mauvaises raisons. Mais je suis déjà rep ՛ é, et je n'ai pas été seulement une heure sur le pavé. Dans l'hôtel même où nous logions, il s'est trouvé un gentilhomme qui cherchait un valet de chambre. Malgré que je ne le connaissais pas et que je n'avais pas le plus petit renseignement sur lui, je me suis présenté pour voir au moins à sa mine si je pourrais m'en arranger. Son air m'est revenu tout de suite, et il paraît que le mien lui a plu aussi, car il s'est contenté de jeter les yeux dessus mon certificat en me disant : — Je sais que le comte de Milly faisait cas de vous et que vous vous quittez à la suite d'une vivacité de sa part sur laquelle il ne veut pas revenir. Il m'a dit que vous écriviez lisiblement, que vous mettiez assez bien l'orthographe et que vous aviez l'habitude de copier. Vous me serez donc utile et je vous prends pour le prix qu'il vous donnait : je ne me souviens plus du chiffre, rappelez-le-moi.

Là-dessus, me voilà engagé, car puisque mon nouveau maître connaît mon ancien, chose que j'ignorais, ça ne peut-être qu'un homme comme il faut, et, à sa garde-robe de voyage, éparpillée dans sa chambre, ainsi qu'à ses bijoux et à la manière dont les gens de l'hôtel le servaient, j'ai bien vite vu qu'il était passablement riche, ou qu'il savait vivre en homme du monde. J'ai demandé aussi dans la maison, mais on m'a dit qu'on ne le connaissait pas autrement, et qu'il se faisait appeler monsieur d'Argères tout court.

Ça m'a bien un peu contrarié, parce que c'est pour la première fois que je sers une personne sans titre. Mais j'ai dans mon idée que c'est une fantaisie qu'il a peut-être de cacher le sien, car je me connais en gens de qualité, et je t'assure que jamais je n'ai vu une plus belle tournure et de plus jolies manières. En outre, il paraît très doux et fait l'avance de mes déboursés. Enfin, je pense que je n'aurai pas de désagrément avec lui. Nous avons quitté Genève, et, à présent, nous sommes à Lyon, d'où je t'écris ces lignes pour te dire que je me porte bien et que je ne sais pas encore où nous allons. Tout ce que monsieur m'a dit, c'est que nous serions à Paris dans deux mois au plus tard. Ne sois donc pas en peine de moi, et écris-moi des nouvelles de nos enfants, et si tu es toujours contente de la maison où tu es. Je te ferai savoir bientôt où il faudra m'adresser ça. Je ne te donnerai pas grands détails, mais tu les auras plus tard sur mon journal que j'ai toujours l'habitude de tenir jour par jour pour mon amusement et pour l'utilité de ma mémoire.

Adieu donc, ma chère Céleste ; je t'embrasse de toute l'amitié que je te porte, ainsi que ta sœur et notre petite famille.

Ton mari pour la vie,
COMTOIS.

JOURNAL DE COMTOIS.

Lyon, 15 août 18...

Me voilà, comme dans un roman, au service d'un homme que je ne connais pas du tout, et qui me mène je ne sais pas où. Monsieur ne reçoit pas de lettres dont je puisse voir l'adresse. Il va les prendre lui-même à la poste, bureau restant. Il sort et voit du monde dehors ; mais il ne reçoit personne à l'hôtel, et paraît très occupé à lire ou à marcher dans sa chambre, le peu de temps qu'il y reste dans la journée. Il se nourrit bien ; ses habits sont d'un bon tailleur, et il se chausse on ne peut pas mieux. Il parle peu, et ne commande rien qu'avec honnêteté. Il ne paraît pas porté à l'impatience, ni à aucun autre défaut, si ce n'est que je lui crois peu d'esprit. C'est un fort bel homme, qui n'a pas plus de vingt-cinq à trente ans. Il a la barbe et les cheveux superbes, et prononce si bien, qu'on entend tout ce qu'il dit, même quand il parle très bas. C'est un grand avantage pour le service ; mais il dit les choses en si peu de paroles, qu'on voit bien qu'il manque d'idées.

Tournon, 18 août.

Nous voilà dans une petite ville au bord du Rhône, soit que monsieur y ait des affaires, soit qu'il lui ait pris fantaisie de s'arrêter ici. Nous sommes venus par le bateau à vapeur. Monsieur y a causé avec des personnes qui le connaissaient sans doute ; mais comme il faisait un grand vent, je n'ai pu entendre comment et de quoi on lui parlait, à moins de m'approcher avec indiscrétion, ce qui serait mauvaise société. J'ai vu que les messieurs qui parlaient à monsieur étaient distingués. Je n'ai pas pu me permettre de les interroger.

Monsieur m'a prié, ce soir, de lui faire du café. Il l'a trouvé bon et s'est enfermé pour écrire ou pour lire, je ne sais pas.

19 août, Tournon.

Me voilà toujours dans cette petite ville, attendant que monsieur soit rentré. Il a pris un bateau ce matin, et j'ai entendu que c'était pour une promenade. J'ai eu de l'humeur parce que, voyant que j'allais être seul toute la journée et m'ennuyer dans un endroit qui n'est guère beau, j'ai demandé à monsieur si nous y resterions longtemps.

— Pourquoi me demandez-vous cela? qu'il m'a dit d'un air indifférent.

Je me suis enhardi à lui dire que c'était pour pouvoir recevoir des nouvelles de ma famille, et que, si je savais où nous allions, je donnerais mon adresse à ma femme.

— Tiens, monsieur Comtois! qu'il a dit, vous êtes marié?

— Oui, monsieur le comte, que je me suis hasardé à répondre.

— Pourquoi m'appelez-vous monsieur le comte?

Et alors moi :

— C'est par l'habitude que j'avais avec mon ancien maître. Si je savais comment je dois parler à monsieur...

— Et vous avez des enfants, peut-être?

— J'en ai trois, deux garçons et une demoiselle.

— Et où est votre famille?

— A Paris, monsieur le marquis.

— Pourquoi m'appelez-vous monsieur le marquis?

— Parce que mon avant-dernier maître...

— C'est bien, c'est bien, qu'il a dit; je vous apprendrai où nous allons quand je le saurai moi-même.

Là-dessus, il a tourné les talons et le voilà parti. Je ne sais pas si c'est un original qui ne pense pas à ce qu'il fait, ou s'il a eu l'idée de se moquer de moi, mais je commence à être inquiet. On voit tant d'aventuriers sur les chemins, que j'aurais bien pu me tromper sur sa mine de grand seigneur. Il faudra que je l'observe de près. Ce n'est pas tant pour le risque à courir du côté des gages que pour la honte d'être commandé par un homme sans aveu. Il y a du monde fait pour commander aux domestiques, mais il y en a aussi qui mériteraient de servir ceux qui servent, et c'est une grande mortification d'être dupé par ces canailles-là.

Mauzères, 22 août.

Nous voilà dans un joli château, ou plutôt une jolie maison de campagne, chez un ami de monsieur, qui est auteur et baron. Ce n'est pas très riche, mais c'est comfortable, comme disait mon milord, et la manière dont on a reçu monsieur, ce soir, me raccommode un peu avec lui. Il était temps, car il me donnait bien des doutes. Et puis, c'est un homme qui a l'esprit superficiel, qui n'a aucune conversation avec les gens, et qui est si distrait par moments, que les talents qu'on a sont en pure perte. Il n'y fait pas seulement attention, et sa politesse n'a rien de flatteur.

Je n'ai pourtant rien pu savoir de lui par les gens de la maison. Ils sont tous du pays et ne le connaissent pas. C'est d'ailleurs des gens fort simples et sans éducation qui leur facilite de causer.

Je saurai demain à quoi m'en tenir, car je servirai à table. Ce soir, j'avais un grand mal de dents, et monsieur m'a dit : « Reposez-vous, Comtois. » C'est ce que je vas faire.

NARRATION.

L'espoir de monsieur Comtois fut trompé. Il servit à table le lendemain; mais le baron de West s'était absenté. Monsieur d'Argères n'avait pas l'habitude de parler seul en mangeant : aussi Comtois ne fut-il pas plus avancé que le premier jour.

Le baron de West était effectivement un littérateur assez distingué. Il paraît qu'il regardait son hôte comme un excellent juge, car il le reçut à bras ouverts et se fit une fête de le garder toute une semaine. Une lettre reçue dès le matin du second jour, le forçant d'aller passer vingt-quatre heures à Lyon pour des affaires importantes, il lui fit donner sa parole d'honneur qu'il l'attendrait et se constituerait maître de la maison en son absence.

D'Argères ne se fit guère prier, bien qu'il ne

fût pas étroitement lié avec son hôte. Il savait qu'en usant et abusant au besoin de son hospitalité, il pourrait toujours considérer le baron comme son obligé. Le baron voulait lui lire un manuscrit, et l'on verra plus tard combien il lui importait que d'Argères en goûtât le fond et la forme, et s'associât complétement à la pensée qui avait dicté cet ouvrage.

### LETTRE DE D'ARGÈRES.

#### Château de Mauzères, par Tournon (Ardèche).

Mon bon camarade, sache enfin où je suis. J'ai bien employé mon temps de repos et de liberté. J'ai parcouru la Suisse, j'ai gravi des glaciers, je ne me suis rien cassé. J'ai laissé pousser ma barbe, je l'ai coupée ; je n'ai rien lu, rien écrit, rien étudié. Je n'ai pensé à rien, pas même aux belles Suissesses, qui, par parenthèse, ne sont belles que de santé et montrent de grosses vilaines jambes au bout de leurs jupons courts. Je suis revenu par Genève et Lyon. J'ai renvoyé Claudius qui me volait, j'ai pris un domestique qui ne fait que m'ennuyer par sa figure de pédant. Je me suis mis en route pour la Méditerranée, et je m'arrête chez notre baron, qui se trouve sur mon chemin. J'y suis seul pour le moment, et je ne m'en plains pas. C'est toujours le plus galant homme du monde, mais quand il m'a parlé beaux-arts et qu'il m'a montré ses cahiers, j'ai eu bien de la peine à cacher une grimace abominable. Il faudra pourtant les exécuter, entendre, juger, promettre. Ce ne sera certainement pas mauvais, ce qu'il va me lire, mais ce serait du Virgile tout pur, que ça ne vaudra pas les arbres, le soleil, le mouvement, l'imprévu, enfin le délicieux *rien faire*, si rare et si précieux dans une vie agitée et longtemps assujétie.

J'ai encore deux jours de répit, parce qu'il a été forcé de s'absenter, et j'en vas profiter pour m'abrutir encore un peu à la chasse. Mais je t'entends d'ici me dire : « Pourquoi chasser ? Pourquoi se donner un prétexte, quand tu as le droit et le temps de battre les bois et de t'égarer dans les sentiers ? » Tu as bien raison. C'est lourd, un fusil, et ça ne tue pas ; du moins je n'en ai jamais rencontré un qui fût assez juste pour moi. Peut-être qu'il y en a un dans l'arsenal du baron, mais j'ai si peu de nez que je ne saurais jamais mettre la main dessus.

— Parlons de nos affaires. Tu placeras comme tu l'entendras, etc.

Nous supprimons cette partie de la lettre de d'Argères, qui ne contenait qu'un détail d'intérêts matériels, et nous passerons au journal de Comtois.

#### JOURNAL DE COMTOIS.

#### Mauzères, 23 août.

J'éprouverai ici beaucoup d'ennuis si ça continue. Monsieur m'avait dit qu'il me ferait copier, et il ne me donne rien à faire. Sans doute qu'il a un emploi quelconque à Paris, mais, en attendant, il fait tout seul sa correspondance, et, autant que j'en peux juger, elle n'est pas conséquente. Il est fumeur et flâneur. Il a toujours l'air de rêver, et je crois qu'il ne pense à rien. Il se sert lui-même, ce qui me donne l'idée qu'il est égoïste et ne veut dépendre de personne. Le pays où nous sommes est fort vilain. On y perd ses chaussures. C'est un désert où il n'y a que des rochers, des bois, des eaux qui tombent des rochers et pas une âme à qui parler, car il règne dans le pays une espèce de patois, et les gens sont tout à fait sauvages.

La maison est agréable et bien tenue. Le vin est rude. Le cocher est très grossier. M. de West est assez riche et fait des ouvrages pour son plaisir. On dit qu'il y met beaucoup d'amour-propre. Sans doute que monsieur se mêle d'écrire aussi, car le valet de chambre m'a dit que son âme lui avait dit : « Vous me donnerez des conseils. » Mais je ne crois pas monsieur capable d'écrire avec esprit. Il aime trop à courir, et d'ailleurs il parle trop simplement.

C'est toujours un travers de vouloir écrire après M. Helvétius, M. Voltaire et M. Pigault-Lebrun, qui ont fait la gloire de leur siècle. Tout ce qui peut être écrit a été écrit par des gens très illustres, et comme disait une dame de beaucoup de talent, dont je faisais les lettres à ses amis, il n'y a plus rien de nouveau à imprimer. Au moins si ces messieurs s'occupaient de politique ! C'est un horizon qui change et qui vous présente toujours du neuf. Mais pour juger la politique, il faut aller à la cour, et je ne crois pas que monsieur soit assez considérable pour y être reçu. Le mieux, c'est de cultiver la philosophie quand on en a le moyen. Ce serait mon goût si j'avais des rentes, et si ma femme ne dépensait pas tout.

NARRATION.

Pendant que monsieur Comtois regrettait de ne pouvoir être philosophe, son maître se promenait. Il revenait à l'entrée de la nuit, en compagnie d'un garde-chasse qu'il avait rencontré et qui lui était fort utile pour retrouver le chemin du manoir de Mauzères, lorsqu'en passant au bas d'un petit côteau couvert de vignes, il remarqua une faible lueur qui blanchissait ce court horizon.

— Est-ce la lune qui se lève? demanda-t-il à son guide.

Le guide sourit.

— Je ne crois pas, dit-il, que la lune se lève du côté où le soleil se couche.

— C'est juste, dit d'Argères en riant tout à fait de son inattention. Qu'est-ce donc que cette clarté?

— Ce n'est rien. C'est une maison qui est par là, tout juste au revers du côteau. C'est la maison de *la désolade*.

— *Désolade?* voilà un nom bien triste.

— Dame, c'est un nom qu'on lui a donné comme ça dans le pays, à cause de la pauvre dame qui y reste. C'est une jeune femme très jolie, ma foi, qui a perdu son mari après six mois de mariage et qui ne peut pas se consoler. Elle est malade et comme égarée par moments. On a même peur qu'elle ne devienne folle tout à fait.

— Attendez! reprit d'Argères, qui, en suivant son guide sur le sentier, s'était un peu rapproché de la demeure invisible, je crois que j'entends de la musique.

Ils s'arrêtèrent et firent silence. Une voix de femme et un piano sonore faisaient entendre quelques sons, emportés à chaque instant par la brise. Dans les membres de phrase qui parvinrent à l'oreille exercée de d'Argères, il reconnut l'air admirable du gondolier dans *Otello*,

*Nessum maggior dolore, etc.*

« Il n'est pas de plus grande douleur que de se rappeler le temps heureux dans l'infortune. »

D'Argères, avec son air insouciant et son besoin momentané d'oublier l'art, était artiste de la tête aux pieds. Il fut vivement impressionné par ces trois circonstances : le nom de *Désolade* donné à la maison ou à la personne qui l'habitait, le choix de la chanson, et la voix, l'accent de la chanteuse, qui, soit en réalité, soit par l'effet de la distance, exprimait avec un charme infini la plainte d'une âme brisée. Un moment il faillit laisser là son guide et courir vers cette maison, vers cette plainte, vers cette femme; mais il fut retenu par la crainte de voir une folle. Il avait, pour le spectacle de l'aliénation, cette peur douloureuse qu'éprouvent les imaginations vives.

D'ailleurs, il était harassé de fatigue, il mourait de faim; et après tout, se dit-il, je n'ai plus dix-huit ans pour rêver l'honneur, souvent trop facile, de consoler une veuve inconsolable.

Il retourna donc au manoir très philosophiquement. Néanmoins, il ne se sentit plus disposé à interroger le garde-chasse. Il lui semblait que la prose de ce bonhomme ferait envoler la rapide impression poétique qu'il venait de recueillir.

JOURNAL DE COMTOIS.

24 août.

Monsieur est beau chanteur, car, en se couchant, il lui a pris fantaisie de répétailler un air italien, qu'il dit, ma foi, aussi bien que les bouffons du théâtre de Paris. Je lui en ai fait la remarque, ce qui était un peu déplacé; mais c'était exprès pour voir si je le ferais causer. Il m'a regardé comme si je le sortais d'un rêve, m'a ri au nez et n'a pas lâché une parole. J'ai bien vu par là que monsieur est bête.

II.

NARRATION.

D'Argères, s'étant beaucoup fatigué en subissant les fréquentes souffrances des organisations nerveuses, dormit peu et mal. Il eut un rêve obstiné qui lui fit entendre à satiété la romance du gondolier et qui fit passer en même temps devant lui l'image, à chaque instant transformée, de la *désolée*. Tantôt c'était un ange du ciel, tantôt une péri, une fée ou un monstre.

Lassé de ce malaise, il se leva avec le jour et prit machinalement le chemin de la maison dont il avait aperçu la lueur aux premières clartés des étoiles. Je veux tâcher de savoir, se disait-il, si c'est vraiment une folle qui chantait si bien. Dans ce cas, je m'éloignerai toujours de cet endroit, je ne passerai plus par ce sentier. Je me suis toujours figuré que la folie était contagieuse pour moi, et ce que j'ai éprouvé, cette nuit, me fait croire que j'ai une prédisposition...

Il se trouva au sommet du côteau de vignes et au niveau du toit de la maison qui s'élevait ou plutôt s'abaissait devant lui sur les terrains inclinés en sens contraire.

Le jour commençait à blanchir le paysage et mêlait ses tons roses aux tons bleuâtres de la nuit. Les terrains environnans, largement arrosés d'eaux courantes, exhalaient des masses de brume argentée qui donnaient une apparence fantastique à toutes choses. Les ondulations du sol, exagérées par ces vapeurs flottantes, semblaient s'ouvrir en profondeurs immenses, et, dans toutes ces formes douteuses, l'imagination pouvait voir des lacs à la place des prairies, des précipices où il n'y avait que de paisibles vallées.

Au premier abord, le site parut splendide à notre voyageur. En réalité, c'était un ensemble de lignes douces et de détails charmants comme il s'en trouve partout, même dans les pays les plus largement accidentés. A mesure qu'on descend le Rhône, après Lyon, on parcourt une série de tableaux d'une apparence grandiose.

Des monts dont la situation au bord des flots rapides, les formes hardies et les tons tranchés, tantôt blancs comme des ossements polis, tantôt sombres sous la végétation, augmentent l'importance et rendent l'aspect menaçant ou sévère ; des pics déchiquetés, couronnés de vieilles forteresses qui se profilent sur un ciel déjà bleu et dur comme celui de la Méditerranée ; des vallées largement échancrées et qui s'abaissent majestueusement vers le rivage, tout paraît imposant dans ce panorama du fleuve qui vous rapproche de la Provence.

Mais, derrière cette ceinture de rochers, la nature, tout en conservant dans son ensemble l'âpre caractère des bouleversements volcaniques, offre mille recoins charmants où l'on peut vivre en pleine idylle; des prairies verdoyantes, des châtaigniers aussi beaux que ceux du Limousin, des noyers aussi ronds que ceux de la Creuse, enfin des pampres et des buissons sous lesquels disparaissent les antiques laves et les sombres basaltes dont le sol est semé.

Dans les vallées qui s'ouvrent sur le Rhône, passent des vents terribles où tombent des soleils brûlants ; mais, à mesure qu'on remonte le cours des rivières qui s'épanchent dans le fleuve, on s'élève, vers les Cévennes, dans une atmosphère différente, et, en une journée de voyage, on pourrait, du fleuve à la montagne, quitter une région brûlante pour une tout-à-fait froide, et un soleil de feu pour des neiges presque éternelles.

C'est entre ces deux extrêmes, dans une des plus fertiles parties du Vivarais, que se trouvait notre voyageur, et le vallon qui s'offrait à ses regards était riant et paisible. Pourtant, du point où il se trouvait placé, outre les caprices de la brume qui transformait tous les objets, les premiers plans conservaient le caractère étrange et rude qui est propre aux lieux bouleversés par les premiers efforts de la formation terrestre. Par un de ces accidents géologiques qui se rencontrent souvent, le côteau des vignes se déchirait brusquement à son sommet, et la maison de la *Désolade*, adossée à cette déchirure s'appuyait sur une terrasse naturelle de roches volcaniques assez escarpée. Une pente rapide, semée de débris et, pour ainsi dire, pavée de scories, conduisait de l'habitation à la prairie, traversée de ruisseaux grouillans et semée de belles masses d'arbres. D'autres vignobles garnissaient les côteaux environnants qui se relevaient vite vers le nord et enfermaient le ciel dans un cadre d'horizons de peu d'étendue. C'était une retraite naturelle et comme un grand jardin fermé de grands murs que cette vallée gracieuse, entourée de collines riantes, dont les flancs abruptes se montraient pourtant çà et là sous la verdure, et semblaient dire : Restez ici, c'est un paradis, mais n'oubliez pas que c'est une prison.

Telle fut, du moins, l'impression de d'Argères et la tristesse le saisit au milieu de son admiration. L'aspect de la demeure, située immédiatement sous ses pieds, n'y contribua pas peu. C'était une de ces petites constructions indéfinissables que des transformations successives ont rendues mystérieuses en les rendant contrefaites. Le vrai nom de cette maison était le *Temple*, dénomination répandue à foison dans tous les coins et recoins de la France, l'ordre des Templiers ayant possédé partout et bâti partout. J'ignore si cette propriété avait eu de l'importance et si le petit bâtiment auquel la tradition avait conservé son nom solennel était le corps principal ou le dernier vestige de constructions plus étendues. La base massive annonçait des temps reculés. Le premier étage signalait l'intention de quelques embellissements au temps de la Renaissance; le sommet, couronné de lourdes mansardes en œils-de-bœuf à mascarons éraillés du temps de Louis XIV, formait un contraste absurde ; mais ces disparates se fondaient, autant que possible, dans un ton général de gris verdâtre et sous des masses de lierre qui annonçaient l'abandon dans le passé, l'indifférence dans le présent.

Le jardin qui entourait la maison et ses minces dépendances, à savoir un pigeonnier sans pigeons, une cour sans chien et une basse-cour sans volailles, avec quelques hangars vides et des celliers en ruines, était assez vaste et bien planté. Des roses et des œillets y fleurissaient encore avec beaucoup d'éclat dans des corbeilles de gazon desséché. Quelque prédécesseur, moins apathique que la *désolée*, avait soigné ces allées et planté ces bosquets; mais ils étaient à peu près livrés à eux-mêmes sous la main d'un vieux paysan qui cultivait des légumes dans les carrés, et qui, n'ayant aucune prétention à l'horticulture, venait là une ou deux fois par semaine donner un coup de bêche et un regard, quand il n'avait rien de mieux à faire. L'herbe poussait donc au milieu du sable des allées, et, le long des murs, les gravats et le ciment écroulés blanchissaient l'herbe. Les branches, chargées de fruits, barraient le passage, les fruits jonchaient la terre, l'eau était verte dans les bassins. La bourrache et le chardon s'en donnaient à cœur joie d'étouffer les violettes; les fraisiers *traçaient* autour d'eux d'une manière véritablement échevelée, étendant, à grande distance de leurs pieds touffus, ces longues tiges qui se replantent d'elles-mêmes et forment d'immenses réseaux improductifs quand on les abandonne à leur folle santé.

D'Argères vit tout cela en faisant le tour de l'établissement. Il put même entrer dans le jardin qui n'avait pas de porte et dont la clôture avait disparu en beaucoup d'endroits. Le jour se fit tout à fait, et le soleil parut, sans qu'aucun bruit troublât dans la maison ou dans l'enclos le morne silence de la désolation.

L'espèce de curiosité qui poussait d'Argères à cet examen ne put lutter contre l'accablement d'une journée de fatigue et d'une nuit sans sommeil, augmenté du sentiment d'horrible ennui que distillait pour ainsi dire le lieu où il se trouvait. Assis sur les débris informes de statues antiques que quelque propriétaire, à moitié indifférent, avait fait poser sur le gazon dans un angle du jardin, il se promit de s'en aller sans chercher à voir personne. Mais, en se levant, il se trouva en face d'une vieille femme qu'il n'avait pas entendue venir.

C'était une camériste prétentieuse, communicative, assez dévouée pour supporter l'ennui de ce séjour, pas assez pour ne pas s'en plaindre au premier venu. Un étranger, un passant, un être humain quel qu'il fût, était une bonne fortune pour elle, et loin de signaler le délit d'indiscrétion où d'Argères s'effrayait d'être surpris, elle l'accueillit avec toutes les grâces dont elle était encore capable.

Elle avait été jolie; elle était mise avec aussi peu de recherche que le comportaient l'abandon d'une telle retraite et l'heure matinale, et pourtant son jupon de soie usé n'avait pas une tache, et sa camisole blanche était irréprochable. Ses cheveux blonds, qui tournaient au gris jaunâtre étaient bien lissés sous sa cornette de nuit. Elle avait de longs doigts blancs et pointus qui sortaient de gants coupés et qui décelaient, par leur forme particulière, la femme curieuse, vivant de projets, et portée à l'intrigue par besoin d'imagination. Cette femme, frottée aux lambris et aux meubles où s'agite le monde, avait une apparence de distinction qui pouvait abuser pendant quelques instants. D'Argères y fut pris, et croyant avoir affaire à une maîtresse, il se leva et salua très respectueusement, bien que cette figure flétrie et problématiquement rosée dès le matin lui parût assez hétéroclite.

Antoinette Muiron (c'était son nom, que sa jeune maîtresse abrégeait en l'appelant Toinette depuis l'enfance) avait élevé mademoiselle de Larnac avec une véritable tendresse. Romanesque sans intelligence, remuante, nerveuse, coquette sans passion, amoureuse sans objet, Toinette était devenue vieille fille sans trop s'en apercevoir. Elle avait oublié de vivre pour elle-même, à force de vouloir faire vivre les autres à sa guise. C'était une bonne et douce créature au fond, car son idée fixe était d'*arranger* le bonheur des êtres qu'elle chérissait et soignait sans relâche. Mais cette prétention la rendait obsédante, et elle exerçait une sorte de tyrannie secrète et cachée sur quiconque n'était point en garde contre ses innocentes et dangereuses insinuations.

D'Argères apprit bien vite et presque malgré lui tout le roman de la *désolée*. Mademoiselle Muiron, frappée du bon air et de la belle figure de cet auditeur inespéré, s'empara de lui comme d'une proie. Elle était de ces personnes qui, sans avoir beaucoup de jugement, ont une certaine pénétration superficielle. Dès le premier salut échangé avec lui, elle comprit fort bien que l'inconnu éprouvait un secret embarras et ne cherchait qu'une échappatoire pour se dérober bien vite au reproche qu'il méritait. Ce n'était pas le compte de la bonne Muiron. Elle alla au devant de ses scrupules et lui fournit, avec une rare présence d'esprit, le prétexte qu'il eût en vain cherché pour motiver sa présence à pareille heure dans le jardin.

— Monsieur était curieux de voir nos antiques? lui dit-elle d'un air prévenant. Oh mon Dieu! nous ne les cachons pas, et je voudrais qu'ils méritassent la peine qu'il a prise d'entrer ici.

D'Argères, frappé de la jolie et facile prononciation de celle qu'il s'obstinait à prendre pour une mère, crut voir une épigramme bien décochée dans cette avance naïve, et se confondit en excuses. — En effet, dit-il, en jetant un regard sur les torses brisés qui lui avaient servi de sièges et dont il ne se souciait pas le moins du monde, — je suis amateur passionné... occupé de recherches... et fort distrait de mon naturel. Je n'aurais pas dû me permettre chez des femmes... Entré ainsi, je suis impardonnable... Je me retire désolé.

— Mais non, mais non! s'écria Toinette en lui barrant le passage de l'allée étroite dans laquelle il voulait s'élancer; restez et regardez à votre aise, monsieur! Il paraît que c'est très beau, quoique bien abîmé. Moi, je n'y connais rien, je le confesse, mais ce sont des curiosités. C'est le grand-oncle de madame de Monteluz, un homme instruit, qui demeurait ici autrefois, et qui avait recueilli cela aux environs. Il paraît que c'est du temps des Romains.

— Oui, en effet, c'est romain, dit d'Argères d'un air capable dont il riait en lui-même.

— Il y en a qui prétendent que c'est même du temps des Gaulois.

— Ma foi, oui, reprit d'Argères, ça pourrait bien être gaulois!

— Si monsieur veut les dessiner...

— Oh! je craindrais d'abuser...

— Nullement, monsieur; madame n'est pas levée et vous ne gênerez personne.

D'Argères comprenant enfin qu'il n'était pas en présence d'une autorité supérieure, se sentit tout à coup fort à l'aise.

— Merci, dit-il un peu brusquement, je ne dessine pas.

— Ah! je comprends, monsieur écrit!

— Non plus, je vous jure.

— Sans doute, sans doute! écrire sur des choses si peu certaines... Monsieur a le goût des collections? monsieur se compose un musée?

— Pas davantage.

— Ah! monsieur a bien raison, c'est ruineux; monsieur se contente d'être savant et de s'y connaître, c'est le mieux, bien certainement.

— Oui-dà, pensa le voyageur, je suis venu ici par curiosité, mais voici une suivante qui veut m'en punir en exerçant la sienne sur moi avec usure! Et comme il ne répondait pas, Toinette reprit:

— Monsieur est de Paris, cela se voit.

— Vous trouvez?

— Cela se sent tout de suite. L'accent, l'habillement... Oh! certainement, vous n'êtes pas un provincial. Monsieur est en visite probablement chez le baron de West? C'est à deux pas d'ici. C'est un homme fort honorable, d'un âge mûr et qui serait pour madame un bon voisin et un véritable ami, j'en suis sûre, si elle ne s'obstinait pas à ne recevoir personne.

— Après tout, pensa encore d'Argères, puisque je suis venu pour savoir à quoi m'en tenir sur l'état mental de cette voisine, et qu'il m'est si facile de me satisfaire, pourquoi ne contenterais-je pas cette babillarde de soubrette en l'écoutant? Questionner et répondre sont un seul et même plaisir pour ces sortes de natures. Comment appelez-vous votre maîtresse? dit-il d'un ton doucement familier en se rasseyant sur les blocs de marbre.

Toinette, charmée du procédé, ne se le fit pas demander deux fois, et s'asseyant aussi sur une grosse boule qui avait bien pu représenter la tête d'un dieu:

— Mais je vous l'ai déjà nommée! s'écria-t-elle: c'est madame de Monteluz!

— Qui était mademoiselle de...? fit d'Argères de l'air d'un homme qui connaît toutes les femmes du grand monde et qui cherche à se remémorer.

— C'était mademoiselle Laure de Larnac.

— Une famille languedocienne? Tous les noms en ac...

— Oui, monsieur, languedocienne d'origine; mais depuis longtemps les Larnac étaient fixés en Provence, du côté de Vaucluse. Un beau pays, monsieur! les amours de Pétrarque! Et des propriétés! madame a là un château... Si elle voulait l'habiter, au lieu de cette affreuse masure, de ce pays sauvage! De tout temps, monsieur, les Larnac ont fait honneur à leur fortune. Les Monteluz aussi, car ce sont deux familles d'égale volée. Il y a eu un marquis de Monteluz, grand-père du marquis dont madame est veuve, qui n'allait jamais à Paris et à la cour, pa. conséquent, sans dépenser...

— Quel âge avait le mari de madame? demanda d'Argères, qui craignait une généalogie.

— Hélas! monsieur, vingt ans! l'âge de madame. Deux beaux, deux bons enfants qui avaient été élevés ensemble! Ils étaient cousins à la mode de Bretagne. Les Larnac et les Monteluz...

— Et madame a maintenant?...

— Vingt-trois ans, monsieur, tout au juste. Monsieur le marquis n'a vécu que six mois après son mariage. Il s'est tué à la chasse... un accident affreux. En sautant un fossé, son fusil...

— Pourquoi diable allait-il à la chasse? dit brusquement d'Argères; après six mois de mariage, il n'était donc déjà plus amoureux de sa femme?

— Oh! que si fait, monsieur! Amoureux comme un fou, comme un ange qu'il était, le pauvre enfant!

— Alors il était bête, dit d'Argères, entraîné fatalement par je ne sais quel instinct de jalousie à dénigrer le défunt.

— Non, monsieur, reprit Toinette. Il n'était pas bête, il savait se faire aimer.

Elle fit cette réponse sur un ton moitié sublime, moitié ridicule, qui était toute l'expression de son âme naïve et rusée, de son caractère poseur et sincère en même temps; puis elle continua en baissant la voix d'une manière confidentielle;

— Il n'avait pas reçu une éducation bien savante. Il avait fort bon ton; les gens de naissance sucent le savoir vivre avec le lait de leurs mères; mais il avait fort peu quitté sa province et Mlle de Larnac eût pu choisir un mari plus brillant, plus cultivé, plus semblable à elle, mais non pas un plus galant homme ni un cœur plus généreux. Ils avaient été élevés ensemble, je vous l'ai dit, sous les yeux de madame de Monteluz et sous les miens, car mademoiselle fut orpheline dès l'âge de quatre à cinq ans, et madame sa tante fut sa tutrice avant de devenir sa belle-mère. Nous vivions dans ce beau château près de Vaucluse, où la marquise vint se fixer, et les deux enfants étaient inséparables. Octave était si doux, si complaisant, si grand, si fort, si beau, si bon! Quand mademoiselle eut douze ans, malgré qu'elle fût l'innocence même, et qu'elle parlât de son petit mari avec la même idée qu'une sœur peut avoir pour son frère, madame de Monteluz me dit: « Ma chère Muiron, ces enfants s'aiment trop. Voici le moment où cette amitié peut nuire à leur repos, à leur raison, à ma réputation même. Laure étant plus riche que mon fils, on ne manquera pas de dire que je l'élève dans la pensée de faire faire un bon mariage à Octave et que je l'accapare à notre profit. Il faut qu'elle passe quelques années au couvent, loin de nous, qu'elle apprenne à se connaître, à s'apprécier elle-même. Quand elle sera en âge de se marier, elle n'aura pas été influencée, car elle aura eu le temps d'oublier; elle sera libre, et si, alors, elle aime encore mon fils, ce sera tant mieux pour mon fils. Je n'aurai rien à me reprocher. » Ce plan était bien sage, mais il ne pouvait pas être compris par ces pauvres enfants, qui se quittèrent avec des larmes déchirantes. Vous eussiez dit, monsieur, la séparation de Paul et de Virginie. Madame de Monteluz eut une fermeté dont je ne me serais pas sentie capable pour ma part. Elle me recommanda même de ne pas parler trop souvent de son Octave à ma Laure; car je l'accompagnai, monsieur; oh! je ne l'ai jamais quittée! Sa pauvre mère me l'avait trop bien confiée en mourant! Nous fûmes envoyées à Paris au couvent du Sacré-Cœur, où mademoiselle eut une chambre particulière, et où il me fut permis de la servir et de lui faire compagnie après les classes. Mademoiselle était adorée des religieuses et de ses compagnes. Elle était des premières dans toutes les études. Elle réussissait dans les arts mieux que toutes les autres, et elle avait l'air de ne pas s'en douter, ce dont on lui savait un gré infini. Mais son plus grand plaisir était de revenir causer avec moi. Et de qui causions-nous, je vous le demande? D'Octave, toujours d'Octave! Il n'y avait pas moyen de faire autrement, car c'était un grand amour, une sainte passion que l'absence augmentait au lieu de la diminuer. Quand mademoiselle chantait ou étudiait son piano: « Cela fera plaisir à Octave, disait-elle; il aime la musique. » Si elle dessinait ou apprenait les langues, la poésie, « Il aimera tout cela, » disait-elle encore. Enfin, tout était pour lui, et c'est à lui qu'elle pensait sans cesse. Elle lui écrivait des lettres. Ah! monsieur, quelles jolies lettres! si enfant, si honnêtes et si tendres! Il n'y a pas de roman où j'en aie jamais trouvé de pareilles. Madame de Monteluz m'avait bien défendu de me prêter à cela, mais je ne savais pas résister. Laure me disait comme ça: « Je sais bien, à présent, pourquoi ma bonne tante veut me contrarier. C'est par fierté, par délicatesse; mais je mourrai si je ne reçois pas de lettres d'Octave, et je suis bien sûre qu'elle ne veut pas ma mort. »

— Et les lettres d'Octave comment étaient-elles ? dit d'Argères, qui ne pouvait se défendre d'écouter avec attention.

— A dame ! les lettres d'Octave étaient bien gentilles, bien honnêtes et bien aimantes aussi ; mais ce n'était pas ce style, cette grâce, cette force. Il fallait deviner un peu ce qu'il voulait dire. Octave n'aimait pas l'étude. Il aimait trop le mouvement, la vie de château, la chasse, le grand air....

— Quand je vous le disais ! s'écria d'Argères. Il était bête ! Ceux qu'on adore sont toujours comme cela.

— Eh bien ! il était un peu simple, je vous l'accorde, répondit Toinette, qui prenait plaisir à être écoutée ; il avait le tempérament rustique, et, en fait de talents, il n'avait pas de grandes dispositions.

— Oui, en fait de musique, il aimait la grosse trompe, et, en fait de langues, il écorchait la sienne. Je parie qu'il avait l'accent marseillais !

— Pas beaucoup, monsieur ; mais qu'est-ce que cela fait quand on aime ?

— S'il eût aimé, il se fût instruit pour être digne d'une femme comme votre Laure.

— S'il eût pensé devoir le faire, il l'eût fait. Mais il n'y songea point, et comme ma Laure n'y songea point non plus, il resta comme il était. Quand le temps d'épreuves parut devoir être fini, mademoiselle avait dix-huit ans. Les deux amans se revirent sous les yeux de la mère, à Paris. Octave pleura, Laure s'évanouit. En reconnaissant que cette passion n'avait fait que grandir, madame de Monteluz fut bien embarrassée. Son fils était trop jeune pour se marier. Elle voulait qu'il eût au moins vingt ans. Laure devait-elle attendre jusque là pour s'établir ? Laure jura qu'elle attendrait, et elle attendit. Madame de Monteluz fit voyager son fils, et resta à Paris, où elle conduisit mademoiselle dans le monde, disant et pensant toujours, la noble dame, qu'elle ne devait pas éviter, mais chercher au contraire l'occasion de faire connaître à sa pupille les avantages de sa fortune, les bons partis où elle pouvait prétendre et les hommes qui pouvaient lui faire oublier son ami d'enfance. Tout cela fut inutile. Mademoiselle passa à travers les bals et les salons comme une étoile. Elle y fut remarquée, admirée, adorée... C'est là que monsieur a dû la rencontrer.

Cette question fut lancée avec un éclair de pénétration subite qui fit sourire d'Argères.

### III.

D'Argères avait oublié de se mettre en garde, et la curiosité de la Muiron semblait s'être assoupie dans son bavardage ; mais elle se réveillait en sursaut et semblait s'écrier :

— Mais à propos, à qui ai-je le plaisir d'ouvrir mon cœur ? Vos papiers, monsieur, s'il vous plaît, avant que je continue.

Un sourire moqueur, où la fine Muiron devina une intention taquine, effleura les lèvres de d'Argères ; mais tout à coup, par une illumination soudaine de la mémoire, il vit passer devant lui une figure dont l'image l'avait frappé, et dont le nom seul s'était envolé. — Laure de Larnac ? s'écria-t-il. Oui ! au Conservatoire de musique, tout un carême ! Elle connaissait le père Habeneck ! Il allait lui parler dans sa loge. La tante, belle encore, digne, un peu raide ! et la jeune fille, un ange ! toujours vêtue avec un goût, et une simplicité ! des yeux noirs admirables, des traits, une taille, une grâce !... Quel beau front ! quels cheveux ! et l'air intelligent, mélancolique, attentif. Pâle, avec un air de force et de santé, pourtant ; de la fermeté dans la douceur. Oui, oui, je l'ai vue, je la vois encore !

— Alors monsieur est musicien ? dit Toinette en le regardant avec persistance comme pour se rappeler à son tour. Il venait beaucoup d'artistes chez ces dames, et pourtant....

Faites-moi le plaisir de continuer, répondit d'Argères d'un ton d'autorité qui domina Toinette.

— Eh bien ! monsieur, j'arrive au dénoûment, reprit-elle. Les vingt ans des deux amans révolus, il fallut bien les marier, car le jeune homme devenait fou, et mademoiselle s'obstinait à refuser tous les partis et ne voulait que lui. On revint faire les noces en Provence, et six mois après, une affreuse mort...

— Qui a laissé la veuve inconsolable, à ce qu'on dit. Voyons, est-ce vrai, mademoiselle Muiron ? La main sur le cœur, vous qui êtes une personne d'esprit et de sens, croyez-vous aux éternels regrets ?

— Mon Dieu, j'étais comme vous, je n'y croyais pas d'abord. Je me disais : « C'est du vrai désespoir, mais enfin, madame est si jeune, si belle, la vie est si longue ! Et puis, madame fera encore des passions malgré elle, et un beau jour, elle voudra exister : elle aimera encore, elle qui n'a vécu encore que d'amour, et qui en vit toujours par le souvenir : elle se remariera ! »

— Et à présent ?...

— A présent, monsieur, savez-vous qu'il y a tantôt trois ans qu'elle est veuve et qu'elle est pire que le premier jour ?

— On dit qu'elle est folle : l'est-elle en effet ?

D'Argères lança cette question comme Toinette lui avait lancé les siennes, à l'improviste, résolu à s'emparer de son premier moment de surprise.

Mais la Muiron ne broncha pas et répondit d'un air triste : Oui, je sais bien qu'on le croit, parce que les *âmes vulgaires* ne comprennent pas la vraie douleur. Plût au ciel qu'elle le fût un peu, folle ! Ce serait une crise, les médecins y pourraient quelque chose, et j'espérerais une révolution dans ses idées ; mais ma pauvre maîtresse a autant de force pour regretter qu'elle en a eu pour espérer. Oui, monsieur, elle regrette comme elle a su attendre. Elle est calme à faire peur. Elle marche, elle dort, elle vit à peu près comme tout le monde ; sauf qu'elle paraît un peu préoccupée, vous ne diriez jamais, à la voir, qu'elle a la mort dans l'âme.

— Je voudrais bien la voir, dit naïvement d'Argères. Est-ce que c'est impossible ?

— Impossible, non, si je sais qui vous êtes, dit Toinette, triomphant d'avoir mis enfin l'inconnu au pied du mur.

— Mademoiselle Muiron, répondit d'Argères avec un accent énergique sans emphase, je suis un honnête homme, voilà ce que je suis.

Le côté sentimental et irréfléchi du caractère de Toinette céda un instant. Elle regarda la belle et sympathique physionomie de d'Argères avec un intérêt irrésistible ; mais ses instincts cauteleux et ses niaises habitudes reprirent le dessus.

— Oui, vous êtes un charmant garçon, reprit-elle ; mais le sort ne vous a peut-être pas placé dans une position à pouvoir prétendre....

— Prétendre à quoi ? s'écria d'Argères, révolté des idées que semblait provoquer en lui cette sorte de duègne.

Mais la duègne était perverse avec innocence ; encore *perverse* n'est-il pas le mot : elle n'était que dangereuse, et d'autant plus dangereuse qu'au fond elle était de bonne foi.

— Je n'irai pas par quatre chemins, dit-elle : prétendre à la voir, c'est prétendre à l'aimer,

car si vous avez le cœur libre, je vous défie bien...

— Vous croyez les cœurs bien inflammables, doña Muiron ! dit en riant d'Argères.

— Monsieur croit plaisanter, répondit-elle en souriant aussi. Ce titre m'appartient ; je sors d'une famille espagnole, et mes parens étaient nobles.

— Soit ! reprit d'Argères ; mais admettez que je n'aie pas le cœur libre, et d'ailleurs, n'ayez pas tant de sollicitude pour moi. Quel danger supposez-vous pour votre maîtresse, à ce que je la voie passer ou s'asseoir dans son jardin, ou regarder par-dessus sa haie, à supposer que j'aie besoin de votre protection pour satisfaire cette fantaisie ?

— Oh ! pour elle, il n'y en a aucun, malheureusement peut-être ! car si elle pouvait remarquer que vous êtes beau et bien fait, que vous avez un son de voix enchanteur et des manières parfaites, elle serait à moitié sauvée mais elle ne vous verra peut-être seulement pas, tout en ayant les yeux attachés sur vous.

— Eh bien, alors ! A quelle heure se lève-t-elle ? Quand met-elle la tête à sa fenêtre ?

— Elle n'a pas d'heure. Mais écoutez, monsieur le mystérieux ! je sais tout, car je devine tout.

— Quoi donc ? s'écria d'Argères stupéfait.

— Vous êtes amoureux de madame, amoureux depuis longtemps. Vous la connaissez. Vous n'êtes pas venu ici par hasard. Vous me questionnez, non pas pour apprendre ce qui la concerne dans le passé, mais pour entendre parler d'elle, pour savoir si elle revient un peu de son désespoir. Enfin, depuis une heure, vous vous moquez de moi en faisant semblant de vous souvenir vaguement de la belle Laure de Larnac. Tenez, vous êtes un de ceux qui l'ont demandée en mariage, et, repoussé comme tant d'autres, vous n'avez pu l'oublier. Vous espérez qu'à présent...

— Ta, ta, ta ! quelle imagination vous avez ! dit d'Argères. Vous êtes un bas-bleu, doña Antonia Muiron ! vous faites des romans. Eh bien, je vais vous en conter un qui est la vérité. J'avais un ami, un pauvre ami sentimental, romanesque comme vous. Il n'était pas riche, il n'était pas beau. Il avait du talent, il était dans les seconds violons à l'Opéra ; il était de la société des concerts au Conservatoire. C'est là qu'il vit la belle Laure, et que, sans la connaître, sans rien espérer, sans oser seulement lui faire pressentir son amour, il conçut pour elle une de ces belles passions qu'on trouve dans les livres et quelquefois aussi dans la réalité. Il me la montra, cette charmante fille; il me la nomma, car il savait son nom par M. Habeneck, et je crois que c'est tout ce qu'il savait d'elle. Il la dévorait des yeux; il voyait bien qu'il y avait tout un monde entre elle et lui. Il n'espérait et n'essayait rien. Il vivait heureux dans sa muette contemplation. Il était ainsi fait. C'était un esprit nuageux : il était Allemand.

Il la perdit de vue ; il l'oublia. Il en aima une autre, deux autres, trois ou quatre, peut-être de la même façon. Il épousa sa blanchisseuse. C'était un vrai Pétrarque, moins les sonnets. Il est parti pour l'Allemagne, où il est maître de chapelle de je ne sais quel petit souverain. Vous voyez bien que ce n'était pas moi, et je vous donne ma parole d'honneur que je ne connais pas autrement votre maîtresse, et que, sans le hasard qui m'amène dans ce pays, joint au hasard de votre agréable conversation, son nom ne serait peut-être jamais rentré dans ma mémoire.

— Pauvre jeune homme! dit Toinette, qui paraissait ne songer qu'au héros du récit de d'Argères. Il était... Alors, monsieur est musicien?

— Encore? dit d'Argères en riant. Eh bien! oui, je sais la musique; je l'aime avec passion. J'ai entendu chanter votre maîtresse hier soir, en passant derrière cette vigne. Elle chante admirablement. On m'a dit qu'elle n'avait pas sa raison. Cela m'a fait peur; j'en ai rêvé. Je suis venu ici sans trop savoir pourquoi. Je suis l'hôte et l'ami du baron de West. Je suis ce que, dans vos idées, vous appelez bien né. Je m'appelle d'Argères. Je ne suis ni mauvais sujet ni endetté. Êtes-vous satisfaite? êtes-vous tranquille? et puis-je prétendre à l'insigne honneur d'apercevoir le bout du nez de votre maîtresse?

— Tenez! la voilà monsieur répondit Toinette, en se levant avec vivacité et en courant au-devant d'une personne que d'Argères ne voyait pas encore, mais qui avait fait crier faiblement la porte du jardin.

JOURNAL DE COMTOIS.

Je me trouve dans une position bien désespérante, qui est de m'ennuyer à mourir dans ce pays barbare et de ne pas savoir combien de jours encore il faudra y rester. Voilà le baron de West, qui était parti pour vingt-quatre heures à Lyon, et qui, sur son retour, s'arrête à Vienne, retenu, disent ses gens, par des affaires désagréables. Il paraîtrait qu'il a de grands embarras de fortune. On ne comprend rien à la fantaisie de mon maître, qui, au lieu de se rendre à Vienne pour causer avec son ami, comme il paraît s'y être engagé, aime mieux continuer à l'attendre ici. Après ça, c'est peut-être la peur que j'en ai qui me fait parler, car il ne me fait pas l'honneur de me dire ses volontés. Mais il avait tout de même un drôle d'air en me disant ce soir : — « Comtois, vous me ferez blanchir six cravates. »

Monsieur est de plus en plus singulier. Il est dehors toute la journée, et à peine fait-il jour qu'il se remet en campagne. Il ne chasse pas, il ne fait pas d'herbiers, il ne court pas les filles de campagne, car on le saurait déjà, et on le rencontre toujours seul. Enfin, il m'est venu une idée qui me tourmente : c'est que monsieur avec son air distrait est peut-être fou. Pour or ni pour argent, je ne resterais au service d'un fou, quand même je devrais l'abandonner sur un chemin. Je ne suis pas égoïste, mais la vue d'un homme sans raison me cause une peur qui m'a toujours empêché de boire.

Je vais écrire à ma femme de m'envoyer de ses nouvelles ici ; ça forcera bien monsieur de me dire où nous allons, quand il sera question de faire suivre les lettres.

FRAGMENT D'UNE LETTRE DE D'ARGÈRES.

...................................

A propos, si tu as des nouvelles de notre pauvre Daniel, tu songeras à m'en donner. J'ai pensé à lui depuis deux jours plus que je n'ai fait peut-être en toute ma vie, grâce à une circonstance assez romanesque.

Tu te rappelles sa passion extatique pour la belle *Laure*, cette brune pâle qui, de sa petite loge d'avant-scène, ne jetait pas seulement un regard sur lui et ne s'est jamais doutée qu'elle eût un adorateur sous ses pieds. Il nous la faisait tant remarquer, et il la célébrait d'une façon si comique, qu'il fallait qu'elle fût belle comme trente houris pour qu'il ne lui attirât pas nos moqueries ; mais elle était incontestable, et la poésie même de Daniel ne pouvait pas nous empêcher de la regarder avec l'admiration désintéressée qui nous était commandée par le *destin*.

Eh bien, imagine-toi qu'hier matin, en flânant

dans la campagne, j'ai découvert cette même Laure, toujours belle, mais veuve, désespérée, et volontairement cloîtrée dans une espèce de ruine, au fond des déserts légèrement raboteux du Vivarais. Voilà, diras-tu, ce que c'est que d'épouser un marquis! Si elle eût daigné s'informer de notre ami Daniel et le rendre heureux, elle ne serait pas veuve. Il n'y a que les gens qui meurent d'amour et de faim pour échapper à tous les dangers et devenir centenaires.

Je peux te dire pourtant, sans plaisanter, qu'elle m'a fait une très vive impression, cette pauvre désolée, car c'est ainsi qu'on l'appelle dans le pays. Je ne crois pas qu'il y ait place pour le désir de la possession dans l'esprit de ceux qui la voient sans être des brutes, car autant vaudrait se fiancer avec la mort (moralement parlant); mais c'est un beau personnage à étudier. Il vous émeut, il vous remue comme une Desdemona rêveuse, comme une Ariane délaissée; et je ne vois pas pourquoi, lorsque nous nous laissons aller à frémir ou à pleurer devant des fictions de théâtre ou de roman, nous ne nous intéresserions pas en artistes au chagrin d'une personne naturelle. L'artiste n'est pas *ce qu'un vain peuple pense*. Il n'est ni blasé, ni sceptique, ni moqueur quand il regarde au fond de lui-même. On croit que nous ne pleurons pas de vraies larmes, nous autres, et que notre âme est dans nos nerfs. Ils n'ont de l'artiste que le titre usurpé, ceux qui ne sentent pas en eux un foyer de sensibilité toujours vive et d'enthousiasme toujours prêt à flamber.

J'étais déjà au courant de l'histoire de son mariage et de son veuvage, quand j'ai vu, hier matin, la belle désolée au soleil levant. Il n'y a pas beaucoup de femmes qu'on puisse regarder à une pareille heure sans en rabattre. Celle-là y gagne encore : mieux on la voit, plus on trouve qu'elle est bonne à voir. Et pourtant c'est triste. Figure-toi mon ami, l'image de la douleur, le désespoir personnifié, ou, pour mieux dire, la désespérance vivante, car il n'y a là ni larmes, ni soupirs, ni cris, ni contorsions. C'est effrayant de tranquillité, au contraire. C'est morne et incommensurable comme une mer de glace. Elle est toujours habillée de blanc ; c'est sa manière de continuer son deuil, qu'elle ne veut pas rendre officiellement exagéré. Elle prétend ainsi ne le jamais quitter sur ses vêtemens ni dans sa vie, et s'arranger pour n'affliger les yeux de personne. Je sais beaucoup d'autres choses sur elle, grâce au babil d'une servante vieillotte qui m'a pris en amour, Dieu sait pourquoi.

Ce que mes yeux seuls m'ont appris bien clairement, c'est qu'elle est frappée sans remède. Je craignais d'abord qu'elle ne fût folle (tu sais ma terreur pour les fous), et, pendant quelques instans, je me suis senti fort mal à l'aise; mais sa bizarrerie m'a paru très incompréhensible, et même très logique, dès que je me suis trouvé dans son intimité.

Car nous voilà très liés en quarante-huit heures, et c'est si singulier qu'il faut que je te le raconte. Ça ne ressemble à rien de ce qui peut arriver dans le monde auquel elle appartient et auquel j'ai appartenu ; et il faut une disposition exceptionnelle comme celle de son âme malade pour que notre connaissance se soit faite ainsi.

La suivante, Toinette, est dévouée à sa manière. A tout prix, elle voudrait la distraire et la consoler, fallût-il la compromettre et la perdre mais quand je serais d'humeur à profiter de ce beau zèle, une vertu qui prend sa source dans le cœur même se défendrait, je crois, sans péril, contre toutes les duègnes et toutes les sérénades de l'Espagne et de l'Italie.

Ladite Toinette, lorsque sa maîtresse entra dans le jardin où je m'étais introduit sans préméditation grave, et où, depuis une heure, nous parlions d'elle, courut à sa rencontre et parut vouloir lui faire rebrousser chemin avant qu'elle me remarquât. Mais la dame est obstinée comme l'inertie, et elle était déjà assez près de moi, lorsque je la vis me chercher des yeux en disant :

— Ah ! où donc ? qui est-ce ?

— C'est un voyageur, un Parisien, répondit l'autre ; un ami du baron de West, un homme *comme il faut*.

— Est-ce qu'il demande à me voir ? reprit la désolée en s'arrêtant.

— Oh ! non certes ! Ce n'est pas une heure à rendre des visites.

— C'est vrai. Que veut-il donc ?

— Il regardait les statues et il allait se retirer.

— Fort bien, qu'il les regarde.

— Il craindra sans doute d'être importun. Non ; dis-lui qu'il ne me gêne pas.

Elle se trouvait vis-à-vis de moi ; elle me fit un salut poli où il y avait de la grâce naturelle et rien de plus. Puis elle passa et disparut derrière les arbres. La Muiron me dit :

— Vous êtes ... ..., j'e père ; vous l'avez vue. A présent, vou... lle. ...ous sauver.

Pourquoi me serais... ...uvé, puisqu'on me permettait de rester ? Ce fut la Toinette qui sortit du jardin où qui feignit d'en sortir, curieuse probablement de voir de quel air je regarderais la belle Laure. Pendant quelques momens, je crus me sentir sous son œil d'Argus, clignant à travers quelque bosquet. Mais je l'oubliai bientôt pour ne songer qu'à regarder en effet sa maîtresse.

Quant à celle-ci, après avoir fait lentement le tour d'un carré de verdure grillé par le soleil, elle revint s'asseoir sur un banc contre un mur chargé de vignes, et si près de moi, si bien placée en profil, qu'un sot eût pu croire qu'elle posait là pour se faire admirer.

Mais, malheureusement pour mon amour-propre, la vérité est qu'elle m'avait parfaitement oublié.

Je pus donc me laisser aller à une contemplation qui eût fait la béatitude ou plutôt la catalepsie de notre ami Daniel.

Je n'étais pas tout à fait tranquille cependant. A la trouver si absorbée, l'idée de la folie me revenait, et je craignais toujours de la voir se livrer à quelque excentricité affligeante. Il n'en fut rien. Elle resta presque un quart d'heure immobile comme une statue. Le soleil montait, et, se faisant déjà chaud, tombait sur sa tête nue, sans qu'elle prît garde à lui plus qu'à moi. Elle a toujours ces magnifiques cheveux bruns touffus et bouffans qui font comme une couronne naturelle à sa tête de muse ; mais ce n'est pas la muse antique qui regarde et commande : c'est la muse de la renaissance qui rêve et contemple.

Elle a beaucoup souffert, sans doute, et la Muiron m'a dit qu'elle avait été dangereusement malade pendant plus d'un an ; mais la force et la santé sont revenues. Le plus complet détachement de la vie a répandu sur sa beauté, dont nous remarquions autrefois l'expression doucement sérieuse, un sérieux encore plus doux. Cela est même très étrange ; elle n'a pas l'air triste, elle a l'air attentif et recueilli, comme elle l'avait en écoutant les symphonies de Beethoven. Mais il semble qu'elle écoute encore une musique plus belle, et qu'elle soit recueillie dans une satisfaction plus profonde. Elle a même pris un peu d'embonpoint qui manquait aux contours de son visage et de son buste pour en faire une beauté accomplie.

Son teint est toujours pâle avec cette nuance légèrement ambrée qui exclut la pénible idée d'une organisation trop lymphatique. Il y a encore du sang et de la vie sous ce beau marbre. Ce qui paraît mort, bien mort, c'est la volonté.

Pourtant l'expression du visage ne trahit ni la faiblesse ni l'abattement. Cette âme n'est pas épuisée ; elle s'attache à je ne sais quelle certitude qui n'est certainement pas de ce monde.

Je remarquai aussi que, contre mon attente, il n'y avait ni désordre dans sa chevelure ni lâcheté dans sa mise. Sa robe et son peignoir de mousseline étaient flottans et non traînans. Ses formes admirables donnent à ces amples vêtemens l'élégance chaste des draperies antiques.

Je n'avais jamais vu ses pieds ni remarqué ses mains. Ce sont des modèles, des perfections. Enfin, c'est tout un idéal, que cette femme. Mais notre fou de Daniel avait raison de nous dire, dans son jargon, que c'était un poëme pour ravir l'âme et non un être pour émouvoir les sens.

La vieille fille revint avec un thé sur un plateau. Elle approcha une petite table verte et causa avec sa maîtresse un instant, pendant que je me disposais à partir ; mais j'étais emprisonné dans une sorte d'impasse. Il me fallait traverser l'endroit même où déjeûnait madame de Monteluz, ou couper à travers les buissons, ce qui eût pu lui sembler extraordinaire. Je pris le parti d'aller la saluer en me retirant ; mais elle m'arrêta au passage par une politesse qui me jeta dans le plus grand étonnement.

Comme elle me rendait mon salut d'un air qui ne témoignait ni surprise ni mécontentement, je me hasardai à lui demander pardon de mon importunité. Je crus rêver quand elle me répondit sans embarras ni circonlocution :

— C'est moi, monsieur, qui vous demande pardon de n'avoir pas fait attention à vous ; mais j'ai perdu ici l'habitude de me conduire en maîtresse de maison. Cette habitation est si laide et si pauvre que je ne songe pas à en faire les honneurs. Je n'oserais pas non plus vous inviter à partager mon maigre déjeuner, mais on s'occupe de vous en préparer un meilleur.

— J'eus besoin de me rappeler les coutumes hospitalières du pays pour ne pas trouver cette brusque invitation déplacée. Je regardai la femme de chambre, qui me fit rapidement signe d'accepter.

— Oui, oui, monsieur, s'écria-t-elle, en me poussant un siège de jardin vis-à-vis de sa maîtresse, je cours veiller à cela, et je reviendrai vous avertir.

Et elle partit, légère comme une vieille linotte.

J'étais embarrassé comme un collégien. On a beau avoir de l'usage, on n'est pas à l'aise dans une situation incompréhensible.

— Monsieur, me dit la belle désolée, en me regardant avec un visible effort d'attention, c'est bien impoli de vous avouer que je ne me souviens pas du tout de vous. Ce n'est pas ma faute ; j'ai fait une grande maladie, j'ai oublié beaucoup de choses, mais la femme qui me soigne, et qui est une amie pour moi bien plus qu'une servante, m'assure que je vous ai vu *autrefois*, chez ma tante, chez ma mère...

Ici la conversation tomba, car je balbutiai je ne sais quoi d'inintelligible, et madame de Monteluz pensait déjà à autre chose. Elle n'entendit pas mes dénégations, qui n'étaient peut-être pas très énergiques. Je confesse que l'attrait de l'aventure me gagnait et qu'en me scandalisant un peu, l'officieux mensonge de l'extravagante Toinette ne me contrarierait pas beaucoup.

Je regardais cette femme qui ressemblait à une somnambule et qui, après l'effort d'une réception si gracieuse, était déjà à cent lieues de moi et répétait « *chez ma mère* » comme si elle se parlait à elle-même.

Il me fallut, pour deviner comment cette liaison d'idées, *ma tante, ma mère*, la replongeait dans son mal, me rappeler qu'elle avait épousé le fils de sa tante. Je vis qu'elle n'était point en tête-à-tête avec moi, mais avec le spectre de son cher Octave, assis entre nous deux, et cette découverte me mit tout à coup à l'aise en détruisant tout germe de fatuité en moi-même.

Après une pause assez longue, elle me regarda d'un air étonné, comme une personne qui se réveille, et me demanda si je demeurais loin.

— Mon Dieu, non, madame, répondis-je ; je suis fixé pour quelques jours seulement à Mauzères.

— Oui, c'est à deux ou trois lieues d'ici, n'est-ce pas ? dit-elle, parlant par complaisance et sans savoir de quoi, car elle ne peut ignorer que Mauzères soit à dix minutes de chemin de sa maison.

— C'est beaucoup plus près que cela, répondis-je en souriant.

Elle eut un imperceptible mouvement comme pour secouer sa tête endolorie, afin d'en écarter l'idée fixe, et reprenant la parole avec une certaine volubilité comme si elle eût craint d'oublier, avant de l'avoir dit, ce qu'elle voulait dire.

— C'est vrai, dit-elle ; le baron de West est mon proche voisin, à ce qu'il paraît. Je ne le vois pas, et c'est uniquement par sauvagerie, par inertie. Je sais que son caractère est aussi honorable que son talent. On l'aime et on l'estime beaucoup dans le pays. Il est venu me rendre visite ; j'étais souffrante, je n'ai pu le recevoir ; mais il a trop d'esprit pour ne pas savoir qu'une personne comme moi est tout excusée d'avance, et que si je ne le prie pas de revenir, la privation est toute pour moi et non pour lui.

— Je suis sûr, madame, que monsieur de West pense tout le contraire.

Elle ne répondit pas. Je vis qu'il lui était presque impossible de soutenir une conversation, non qu'elle y éprouvât de la répugnance, mais parce qu'elle avait perdu absolument l'habitude d'échanger ses idées. Je me levai, trop peu désireux dès lors de profiter des bonnes intentions de Toinette, qui me faisait jouer un personnage indiscret et importun. Mais en ce moment la vieille folle arrivait et me criait d'un air triomphant :

— Monsieur est servi ! S'il veut bien me suivre......

Je refusai. Madame de Monteluz insista.

— Ah ! monsieur, me dit-elle, ne m'ôtez pas l'occasion de réparer mes torts envers monsieur de West en traitant son hôte comme le mien ; vous me feriez croire qu'il me garde rancune et qu'il vous a défendu de me les pardonner en son nom.

Je suivis machinalement la Toinette. Il est bien certain que je mourais de faim et de lassitude. Elle me conduisit dans un pavillon fort délabré où il y avait deux chaises de paille, une table chargée de mets assez rustiques et une vieille causeuse couverte d'indienne déchirée. Par compensation, le vin du cru est bon et la vue magnifique.

La Muiron s'assit vis-à-vis de moi, en personne habituée à *manger avec les maîtres*, et me fit les honneurs, tout en reprenant son bavardage. J'appris d'elle qu'après la mort du cher Octave, *madame* avait toujours résidé près de sa belle-mère aux environs de Vaucluse. Mais que ces deux femmes, tout en s'estimant beaucoup, ne pouvaient se consoler l'une par l'autre. La mère est une âme forte et rigide en qui la douleur s'est changée en dévotion. Elle se soutient par la prière, par des pratiques minutieuses, elle est toute à l'idée du devoir et du salut. Il paraît que cela s'accorde en elle avec le goût du monde, qu'elle appelle respect des convenances et nécessité du bon exemple. Autant que j'ai pu en juger par les appréciations de la Muiron, qui est un peu folle mais pas très sotte, madame de Monteluz la mère est un esprit assez froid et absolu, qui, sans le vouloir, froisse l'extrême sensibilité de la *désolée*, et qui commence à s'impatienter doucement de ne pas la trouver plus résignée au fond de l'âme. De là un peu de persécution, tantôt à propos de la religion, tantôt à propos de l'étiquette. La pauvre jeune femme s'est trouvée mal à l'aise sous cette domination qui ne gênait pas seulement ses actions, mais qui voulait s'étendre sur ses sentiments les plus intimes. Elle a emporté sa blessure dans la solitude, prétextant une visite à je ne sais quels parens du haut Languedoc, et des intérêts à surveiller. Elle est partie comme pour voyager et elle a marché un peu au hasard. Elle a trouvé sur son chemin cette jolie petite terre et cette vilaine petite maison, qu'un grand oncle lui avait laissées en héritage et qu'elle ne connaissait pas. Cette solitude lui a plu. L'idée de ne connaître personne aux environs et de pouvoir se laisser oublier là, a été pour elle comme un soulagement nécessaire, après une contrainte au-dessus de ses forces. Elle y est depuis trois mois et frémit à l'idée de retourner chez les grands parens vauclusois. Cette infortunée savoure l'horreur de son isolement et les privations d'une vie de cénobite, comme un écolier en vacances savoure le plaisir et la liberté. C'est l'officieuse Muiron qui, depuis ces trois mois, s'est chargée de mentir en écrivant à la belle-mère que sa bru avait à s'occuper de sa propriété du *Temple*, qu'elle s'en occupait, que cela lui faisait du bien, ajoutant chaque semaine qu'elle en avait encore pour une semaine. Mais toutes ces semaines tirent à leur fin, non pas tant parce que la belle-mère s'inquiète là-bas, que parce que la Muiron s'ennuie ici.

Pourtant, depuis deux jours, les choses ont changé de face comme je te le dirai demain ; car je m'aperçois que je t'écris un volume, qu'il est tard et que tu peux te reposer, ainsi que moi, sur ce premier chapitre.

IV.

SUITE DE LA LETTRE DE D'ARGÈRES.

Août...

En voyant sur ma table toutes ces pages que je n'ai pas le temps de relire, je me demande comment j'ai été si prolixe sur un sujet qui ne t'intéresse sans doute nullement et qui ne saurait m'intéresser plus d'un jour ou deux encore. J'ai envie de jeter tout cela au panier et de reprendre ma lettre où je l'avais laissée avant de m'embarquer dans le récit de cette aventure, si aventure il y a. Et comme, au fait, il n'y en a pas l'apparence, je peux continuer sans indiscrétion envers ma belle désolée et sans crainte de te rendre jaloux de mon bonheur. Si jo t'ennuie, pardonne-le-moi en songeant que je suis seul dans une grande maison silencieuse ; que la soirée est longue, et que tu es la seule victime que j'aie à immoler à mon oisiveté. D'ailleurs, mon récit va s'augmenter d'une journée de plus, ce qui donne plus de consistance au souvenir que je veux conserver de cette rencontre singulière, et le moyen de le conserver, c'est de l'écrire, dussé-je, après l'avoir fini, le garder pour moi seul.

Je *me suis laissé*, dans mon précédent chapitre, à table avec mademoiselle Muiron. Bien que ses confidences eussent pour moi quelque intérêt, je me trouvai insensiblement sur la causeuse plus disposé à dormir qu'à l'écouter. Elle m'avait charitablement invité à fumer mon cigare, assurant que sa maîtresse ne s'en apercevrait pas. Mes yeux se fermèrent, et je m'endormis au léger bruit des assiettes et des tasses qu'elle emportait avec précaution.

Quand je m'éveillai, il était au moins midi. La chaleur était accablante ; les cousins faisaient invasion dans mon pavillon, et, sauf leur bourdonnement et les bruits lointains des travaux champêtres, un profond silence régnait autour de moi. Je sortis, un peu honteux de mon somme ; mais je me trouvai complètement seul dans le jardin. Je pénétrai dans la cour, pensant bien que madame de Monteluz m'avait assez oublié pour qu'il ne fût pas nécessaire d'aller lui demander pardon de ma grossière séance chez elle, et voulant au moins prendre congé de la duègne. La cour était déserte, la maison muette. Je poussai jusqu'à la basse-cour. Elle n'était occupée que par une volée de moineaux qui s'enfuit à mon approche. Enfin, je trouvai une grosse servante au fond d'une étable. Elle était en train de traire une vache maigre, et m'apprit, sans se déranger, que madame devait être dans le petit bois, au bout de la prairie, parce que c'était son heure de s'y promener ; que mademoiselle Muiron devait être chez le meunier, au bord de la rivière, parce que c'était son heure d'aller acheter de la volaille. Quant au jardinier, ce n'était pas son jour. « Mais si monsieur veut quelque chose, ajouta-t-elle d'un air candide, je serai à ses ordres quand j'aurai battu mon beurre. »

Je la chargeai de mes compliments pour mademoiselle Muiron, et je revins vers la maison, afin de reprendre le sentier qui conduit à Mauzères, lorsque, par une fenêtre ouverte, au rez-de-chaussée, mes yeux tombèrent sur un joli piano de Pleyel qui brillait comme une perle au milieu du plus pauvre et du plus terne ameublement dont jamais femme élégante se soit contentée. La vachère, qui m'avait suivi, portant son vase de crème vers la cuisine, vit mon regard fixé avec une certaine convoitise sur l'instrument, et me dit :

— Ah ! vous regardez la jolie musique à madame ? On n'avait jamais rien vu de si beau ici, et madame musique que c'est un plaisir de l'entendre ! C'est mademoiselle Muiron qui a acheté ça à la vente du château de Lestocq, pas loin d'ici. Elle a vu estimer ça comme elle passait en se promenant ; elle a dit : « Ça fera peut-être plaisir à madame. » Elle a mis dessus, et elle l'a eu. Dame ! elle fait tout ce qu'elle veut, celle-là ! Si vous voulez musiquer, faut pas vous gêner ; allez, c'est fait pour ça. Entrez, entrez ! mademoiselle Muiron ne s'en fâchera pas, puisqu'elle vous a fait déjeuner avec elle.

Là-dessus, elle poussa devant moi la porte du salon, qui n'était même pas fermée au loquet, et s'en alla faire son beurre.

Je te disais, l'autre jour, que j'avais eu une jouissance extrême à oublier tout, même l'art, ce tyran jaloux de nos destinées, ce mangeur d'existences, ce boulet qui m'a longtemps rivé à mille sortes d'esclavages ; mais on boude l'art comme une maîtresse aimée. Il y a deux mois que je n'ai rencontré que les chaudrons des auberges de la Suisse, deux mois que je n'ai tiré un son de mon gosier, et, à la vue de ce joli instrument, il me vint une envie extravagante de m'assurer que je n'étais pas endommagé par l'inaction. J'entrai résolûment, j'ouvris le piano, et tout naturellement, la première chose qui me vint sur les lèvres fut le *nessum maggior dolore* que, la veille au soir, j'avais entendu chanter de loin par la désolée, et qui a besoin de son accompagnement pour être complet. Je le chantai d'abord à demi-voix, par instinct de discrétion mais je le répétai plus haut, et, la troisième fois, j'oubliai que je n'étais pas chez moi et je donnai toute ma voix, satisfait de m'entendre dans un local nu et sonore, et de reconnaître que le repos de mon voyage m'avait fait grand bien.

Cette expérience faite, j'oubliai ma petite individualité pour savourer la jouissance que ce court et complet chef-d'œuvre doit procurer, même après mille redites et mille auditions, à un artiste encore jeune. Je ne sais pas si les vieux praticiens se blasent sur leur émotion, ou si elle leur devient tellement personnelle qu'ils exploitent avec un égal plaisir une drogue ou une perle, pourvu qu'ils l'exploitent bien. Tu m'as dit souvent, mon ami, que devant un Rubens, tu ne te souvenais plus que tu avais été peintre, et que tu contemplais sans pouvoir analyser. Oui, oui, tu as raison. On est heureux de ne pas se rappeler si on est quelqu'un ou quelque chose, et je crois qu'on ne devient réellement quelque chose ou quelqu'un qu'après s'être fondu et comme consumé dans l'adoration pour les maîtres.

Je ne sais pas comment je chantai, pour la quatrième fois, ce couplet. Je dus le chanter très-bien, car ce n'était plus moi que j'écoutais, mais le gondolier mélancolique des lagunes sous le balcon de la pâle Desdémona. Je voyais un ciel d'orage, des eaux phosphorescentes, des colonnades mystérieuses, et, sous la tendine de pourpre, une ombre blanche penchée sur une harpe que la brise effleurait d'insaisissables harmonies.

Quand j'eus fini, je me levai, satisfait de ma vision, de mon émotion, et voulant pouvoir les emporter vierges de toute autre pensée ; mais, en me retournant, je vis dans le fond de l'appartement madame de Monteluz, assise, la tête dans ses mains, et la Muiron agenouillée devant elle. Il y eut un moment de stupéfaction de ma part, d'immobilité de la leur. Puis, madame de Monteluz, la figure couverte de son mouchoir, et repoussant doucement Toinette qui voulait la suivre, sortit précipitamment. — Mon Dieu, je lui ai fait peut-être beaucoup de mal ? dis-je à la suivante : il me semble qu'elle pleure ! Et pourtant elle aime cet air, elle le chante !

— Elle le chante bien, répondit Toinette, mais pas si bien que vous, et elle ne se fait pas pleurer elle-même. Vous venez de lui arracher les premières larmes qu'elle ait répandues depuis sa maladie, et c'est du bien ou du mal que vous lui avez fait, je ne sais pas encore ; mais je crois que ce sera du bien. Elle est grande musicienne, mais elle ne se souciait plus de rien, et c'est par complaisance pour moi qu'elle chante et joue quelquefois, depuis que j'ai introduit ici ce piano. Je me figure qu'elle a besoin de quelques secousses morales, dût-elle en souffrir, et que ce qu'il y a de pire pour elle, c'est l'espèce d'indifférence où elle est tombée.

Je trouvai que la Muiron ne raisonnait pas mal pour le moment.

— Mais est-ce donc à cause de cela, lui demandai-je, que vous m'avez retenu ici à l'aide d'un mensonge ?

— Eh bien, oui, répondit-elle, c'est à cause de cela. J'ai vu que vous étiez artiste musicien : que ce soit par état ou par goût, qu'est-ce que cela fait ? Et puis, vous êtes aimable, vous êtes charmant, et si madame pouvait se plaire dans votre compagnie, ne fût-ce qu'une heure ou deux, cela lui rendrait peut-être le goût de vivre comme tout le monde. Est-ce donc un si grand sacrifice que je vous demande, de vous intéresser toute une matinée à la plus belle, à la plus malheureuse et à la meilleure femme qu'il y ait sur la terre ?

Je fus touché de la sincérité avec laquelle cette fille parlait, et je lui offris de chanter encore, dût madame de Monteluz revenir pour me chasser. La Muiron m'embrassa presque et me dit : Tenez ! si vous saviez quelque chose de beau que madame ne connût pas ? C'est bien difficile, mais si cela se rencontrait ! Tout ce qu'elle sait lui rappelle le temps passé. Une musique qui ne lui rappellerait rien et qui serait bonne, car elle s'y connaît, ne lui ferait peut-être que du bien.

Je chantai ma dernière composition inédite ; une idée riante et champêtre qui m'est venue en traversant l'Oberland, et dont je suis aussi content qu'on peut l'être d'une idée qui a pris forme. Pour moi, les idées *latentes*, si je puis parler ainsi, ont un charme que l'exécution détruit.

Madame de Monteluz, qui s'était sauvée dans le jardin pour pleurer, m'entendit. Toinette, qui s'inquiétait d'elle, et qui alla la trouver, revint me dire qu'elle me demandait comme une grâce, comme une charité, de recommencer.

Quand j'eus fini, la désolée ne donnant plus signe de vie, je pris définitivement congé de Toinette ; mais je n'avais pas gagné le revers du coteau, que Toinette me rattrapa.

— Je cours après vous pour vous remercier de sa part, me dit-elle. Elle a tant pleuré qu'elle n'a presque pas la force de dire un mot, et elle a une douleur si discrète qu'elle ne voudrait pas que vous la vissiez comme cela. Elle dit que ce serait bien mal vous récompenser de ce que vous avez fait pour elle, car elle pense que les larmes sont désagréables à voir.

— Désire-t-elle que je revienne un autre jour ?

— Elle n'a pas dit cela ; mais elle a dit : *Ah ! mon Dieu ! c'est déjà fini ! quand retrouverai-je...* Elle s'est arrêtée. Puis elle a repris : Dis-lui... non, rien, remercie-le ; dis-lui que c'est bien bon de sa part d'avoir chanté pour moi ? que je suis bien reconnaissante. Je vous le dis, monsieur ; et vous vous en allez ?

— Je reviendrai, Toinette !

— Quand ça ?

— Quand faut-il revenir ?

— Dame ! le plus tôt sera le mieux.

— Eh bien, ce soir. Je ne me présenterai pas. Elle ne me verra pas. Je lui épargnerai ainsi la fatigue de s'occuper de moi. Je chanterai dans la campagne, à portée d'être entendu. Mais ne l'avertissez point. Je crois que l'inattendu sera pour elle beaucoup dans sa jouissance.

— Ah ! monsieur, s'écria Toinette, je voudrais être jeune et jolie pour vous faire plaisir en vous embrassant !

Elle dit cela en rougissant sous son rouge, comme si elle se croyait encore aussi appétissante que modeste, et se sauva comme si j'eusse été d'humeur à la poursuivre.

Cette vieille écervelée me gâte un peu ma Desdémona. Mais, après tout, ce n'est pas sa faute ; je ne suis pas obligé d'embrasser la Muiron et au fond cette confidente de tragédie a un très bon cœur.

Je tins ma parole ; je retournai au *Temple* à l'entrée de la nuit, non sans être épié, je crois, par monsieur Comtois, mon valet de chambre, qui est fort curieux et qui s'inquiète de mes mœurs. J'entendis madame de Monteluz qui avait retenu presque toute ma ballade et qui en cherchait la fin avec ses doigts sur le piano. Placé sous sa fenêtre, le long du rocher, je la répétai plusieurs fois. On fit silence longtemps ; mais tout à coup je vis un spectre auprès de moi ; c'était elle. Elle me tendait les deux mains en me disant :

— Merci, merci ! vous êtes bon, vous êtes vraiment bon !

Elle avait la voix émue, mais l'obscurité m'empêcha de voir si elle avait beaucoup pleuré et si elle pleurait encore. Je ne distinguais d'elle que sa taille élégante sous ses voiles blancs et le pâle ovale de sa tête penchée vers moi avec une bonhomie languissante. Je ne veux pas que vous vous fatiguiez davantage, me dit-elle d'un ton presque amical. Venez vous reposer en jouant un peu sur mon piano.

J'entendis alors la Muiron, dont l'ombre moins svelte se dessina derrière la sienne, lui dire à demi-voix : Chez vous ? A cette heure-ci ? comme si elle eût été avide de constater un fait acquis à sa politique.—Eh bien ! pourquoi pas ? répondit madame de Monteluz.

— C'est à cause de ce qu'on pourrait dire, reprit Toinette qui parla encore plus bas et dont je devinai plus que je n'entendis l'observation. A quoi madame de Monteluz répondit tout haut : Je te demande un peu ce que cela peut me faire !

En même temps elle passa son bras sous le mien et fit quelques pas auprès de moi en remontant vers la maison.

— Prenez garde, madame ! s'écria Toinette, Monsieur, soutenez madame !

En effet, le sentier était fort dangereux : je l'avais pris pendant le crépuscule pour gagner un rocher isolé dont la situation hardie m'avait tenté ; mais la nuit s'était faite, et pour regagner les terrasses du jardin, il fallait côtoyer un petit abîme assez menaçant.

— Ne craignez rien pour moi, et regardez à vos pieds, me dit la désolée en prenant les devants avec assurance. Muiron, prends garde toi-même !

— Vous me ferez tomber si vous faites vos imprudences ! lui cria encore la Muiron en s'attachant à moi avec frayeur. Voyez, monsieur, si ce n'est pas déraisonnable ! ça fige le sang ! Ne passez pas par là, madame, faisons le tour !

Madame de Monteluz ne semblait pas l'entendre. Elle franchit le pas dangereux sans paraître y songer, et, tout étonnée ensuite de l'effroi de la Muiron, elle lui dit :

— Mais de quoi donc t'inquiètes-tu ? Tu sais bien que je n'ai plus le vertige.

Mon ami, il y avait bien des choses dans ce peu de mots, et encore plus peut-être dans ce : Q'est-ce que cela peut me faire ? qu'elle avait dit auparavant. Pour une femme délicate, n'avoir plus le vertige en côtoyant les précipices, c'est ne plus se soucier de la vie. Pour une femme pure, ne pas se soucier de l'opinion, c'est abdiquer ce que les femmes placent au-dessus de leur vertu. Il y a là un abîme de dégoût de toutes choses, plus profond que ceux auxquels peuvent se briser la vie ou la réputation.

Je me demandais, en marchant dans le jardin, silencieux à ses côtés, si je devais me blesser du profond dédain pour ma personne que cette confiance et cette aménité couvraient d'un voile si transparent. J'ai été un peu gâté, tu le sais. J'ai failli devenir fat ou vaniteux au commencement de ma carrière ; tu m'as averti, tu m'as préservé.... Pourtant le *vieil homme*, ou plutôt le jeune homme reparaît apparemment encore quelquefois. J'étais piqué, j'étais sot.

Quand nous rentrâmes dans la pièce que l'ancien propriétaire décorait sans doute du titre usurpé de salon, la figure de madame de Monteluz me frappa comme si je la voyais pour la première fois. Ce n'était plus la même femme qui m'avait surpris et comme effrayé le matin. Elle avait pleuré ; ses beaux yeux limpides en avaient un peu souffert, mais toute sa physionomie en était adoucie et embellie. Un voile de mélancolie s'était répandu sur cette tranquillité sculpturale. Ce n'était plus la mer éclatante et pétrifiée sous la glace, à laquelle je l'avais comparée ; c'était un lac bleu doucement ému sous les souffles plaintifs de l'automne.

Je lui fis encore de la musique ; elle me servit elle-même du thé avec des soins charmans qui ne parurent plus lui coûter que de légers efforts de présence d'esprit. Elle parla musique et peinture avec moi, et les noms de plusieurs personnes connues d'elle et de moi dans l'art ou dans le monde vinrent se placer naturellement dans notre entretien et former un lien commun dans nos souvenirs. Elle me dit que j'étais un grand artiste et me questionna sur mes études ; mais, bien que Muiron, qui ne nous quittait pas, en prît occasion pour essayer de m'interroger indirectement sur ma position et mes relations, madame de Monteluz la tint en respect par une discrétion exquise sur tout ce qui sortait tant soit peu du domaine de l'art. Elle parut m'accepter de confiance.

Ma vanité se remit sur ses pieds. Je crus un moment avoir commencé l'œuvre de sa guérison ; mais, en y regardant mieux, je vis que la grâce de cet accueil n'était qu'un plus grand effort d'abnégation. Le peu de curiosité qu'elle me témoignait au milieu d'une admiration d'artiste plus que satisfaisante pour mon amour-propre, était la plus grande preuve possible de l'oubli où, comme homme, je suis destiné à être enseveli par elle.

En somme, c'est une femme ravissante, une nature adorable. Tu la connais, si tu te souviens bien de sa figure, qui est le moule exact de son esprit et de son caractère. C'est un esprit sérieux, c'est un caractère angélique. On voit que cette bouche n'a jamais pu dire une médisance, une méchanceté, une dureté quelconque. On sent que cette âme n'a jamais admis la pensée du mal. C'est une musique que sa voix, et toute la douceur, toute l'égalité de son âme, sont dans sa moindre inflexion, dans sa plus insignifiante parole. Elle a pourtant la prononciation nette et l'r un peu vibrant des femmes méridionales. Mais une distinction à la fois innée et acquise efface ce que cette habitude a de vulgaire et d'affecté chez les langues dociennes, pour n'y laisser que ce qu'elle a d'harmonieux et de secrètement énergique.

Je n'osais pas la prier de chanter ; ce fut Muiron qui s'en chargea, et j'appuyai sur la proposition. Chanter après vous, me dit-elle, serait une grande preuve d'humilité chrétienne, et je n'hésiterais pas si je le pouvais ; mais aujourd'hui, non ! je ne le pourrais pas ! Un autre jour, si vous voulez.

— Un autre jour ? lui dis-je en me levant. Il me sera donc permis de venir vous distraire encore un peu avec mes chansons ?

— Ai-je dit un autre jour ? répondit-elle. C'est bien présomptueux ! je n'ose pas vous le demander.

— Eh bien, moi, lui dis-je, je le demande comme une grâce ; mais, avant tout, je tiens à ne pas tromper une personne dont je respecte la tristesse, dont je vénère la confiance. Il y a eu malentendu entre mademoiselle Muiron et moi, à coup sûr. Elle vous a dit que j'avais l'honneur d'être connu de vous puisque vous vous êtes accusée, ce matin, d'un manque de mémoire. Mademoiselle Muiron s'est trompée absolument. Je ne suis jamais présenté dans votre famille, je ne vous ai jamais rencontrée dans le monde, je ne vous ai vue qu'au Conservatoire il y a quatre ans, sans que vous ayez jamais fait la moindre attention à moi.

— Eh bien ! répondit-elle avec une bienveillance nonchalante, c'est égal, nous nous connaissons maintenant.

— Non, madame. Je crois que j'ai le bonheur de vous connaître, car il suffit de vous voir.... mais......

— Eh bien ! c'est la même chose pour vous, dit-elle en m'interrompant : il suffit de vous entendre ; vous avez l'esprit juste et le cœur vrai. Je n'ai pas besoin d'en savoir d'avantage pour vous écouter avec sympathie.

— Alors, vous ne m'ordonnez pas, vous me défendez peut-être de vous dire qui je suis ? C'est le comble de l'indifférence.

Le ton un peu amer que, malgré moi, je mis dans ces paroles, parut la frapper. Elle me regarda avec étonnement et jusque dans les yeux avec une absence de timidité qui était la suprême expression d'une totale absence de coquetterie ; puis elle me tendit la main avec une grande franchise en me disant :

— Non, ce n'est pas de l'indifférence, c'est de la confiance, vous l'avez dit. Si votre figure n'est pas celle d'un galant homme, je suis devenue aveugle ; si votre intelligence n'est pas supérieure, je suis devenue inepte. De votre côté, ne vous ne m'avez pas regardée une seconde sans m'apporter l'aumône d'une profonde pitié. Cela m'humilie pas, vous voyez ! je l'accepte, au contraire, avec une véritable reconnaissance. Ne me dites pas qui vous êtes, et revenez demain.

Muiron était bien désappointée de la première partie de cette conclusion. Elle me suivit encore sous prétexte de me reconduire, et finit par me dire naïvement :

— Eh bien, voyons, là, monsieur, puisque vous voulez donner à madame des éclaircissemens sur votre position, donnez-les-moi, ce sera la même chose.

— Non pas, mon aimable Toinette, lui répondis-je en riant ; ma position, comme vous dites, devient ici, grâce à vous, un secret que je me ferais un devoir de révéler à votre maîtresse, mais que je me fais un plaisir de vous taire.

— Monsieur s'amuse ! dit-elle ; à la bonne heure ! Pourtant il a tort de me traiter si mal. Il me met, moi, dans une position très délicate.

— Où vous vous êtes jetée résolûment vous-même.

— Plaignez-vous, ingrat, vous brûliez de voir madame, et vous voilà accueilli par elle comme un ami.

— Vous errez, ma chère. Je ne brûlais pas de la voir, et je ne suis pas, je n'aurai jamais le bonheur d'être son ami.

— Alors... vous nous quittez? Vous ne reviendrez plus? dit-elle avec effroi.

— Je reviendrai demain et je partirai après-demain. Bonsoir, mademoiselle Toinette.

— Tenez, vous êtes amoureux, fit-elle entre ses dents en me tournant le dos. Eh bien! puisque vous n'avez pas confiance en moi, ce sera tant pis pour vous!

Je la quittai sur cette belle conclusion, et je me moquai d'elle intérieurement, car je jure...

Je ne sais pourquoi d'Argères ne jura pas. Il n'acheva pas sa lettre, il ne l'envoya pas à son ami, il ne partit pas. Huit jours après, il lui en envoya une plus concise que voici.

## V.

LETTRE DE D'ARGÈRES A DESCOMBES.

Non, je ne t'oublie pas. Je t'ai écrit des volumes ces jours derniers. Je les ai mis de côté pour t'en montrer l'*épaisseur*, comme pièces justificatives de cette assertion. Mais je ne te les ferai pas lire. Au commencement d'un amour qu'on ignore en soi-même, on est très bavard. Quand on se sent pris véritablement, on devient muet. Chez moi, ce n'est pas consternation, c'est plutôt recueillement. Te voilà au fait. Je suis sous l'empire d'une passion. Si elle était partagée, je ne te dirais même pas ce qui me concerne. Elle ne l'est pas : donc j'avoue que je ne suis pas un amant heureux, mais que je suis cependant heureux de sentir que j'aime.

Je m'arrête sur ces deux mots, car je vois à ta lettre, cher ami, que tes esprits ont pris réellement un vol qui n'est pas le mien. Je dois te sembler ridicule. Cela m'est égal; mais je ne voudrais pas te sembler importun par mon indifférence à tes préoccupations. Tu te plains de n'être plus artiste. Je n'en crois rien. Peut-on avoir goûté les suprêmes jouissances de la vie et les dédaigner pour des jouissances vulgaires? Non. La fièvre de spéculations qui te possède en ce moment n'est autre chose elle-même qu'une fougue d'artiste. J'ai été surpris le jour où, accrochant ta palette aux pauvres murailles de ton atelier, tu m'as dit : « L'art, c'est la soif de tout. Il faut la richesse pour assouvir les besoins que l'imagination nous crée! » Je t'ai répondu, il m'en souvient : « Prends garde! la soif assouvie, il n'y a peut-être plus d'artiste. » Eh bien! disais-tu, meure l'artiste, et avec lui la souffrance.

Je t'ai combattu; mais j'ai apprécié ensuite ta situation et tes facultés! Fils d'un riche et habile spéculateur, il y avait en toi des tendances innées, une capacité non développée, mais certaine, pour la spéculation. L'art t'avait séduit, il t'appelait de son côté. Tu avais pris, dès l'enfance, dans la riche galerie de ton père, la compréhension et l'enthousiasme de la peinture. Peut-être aussi mon exemple t'avait-il influencé. Blâmé, repoussé de ta famille, réduit à souffrir des privations que tu n'avais pas connues, tu as eu plus de talent que de bonheur et tu t'es découragé, peut-être au moment de vaincre!

Réconcilié avec ton père à la condition que tu abandonnerais cette carrière improductive pour le suivre dans la sienne, tu t'es jeté, d'abord avec dégoût, et puis bientôt avec ardeur, dans les jeux de la fortune. Tu as connu là de nouvelles émotions, plus vives, plus absorbantes, dis-tu, que toutes les autres. Et maintenant, tu avoues que les jouissances que la fortune achète ne sont rien et s'épuisent en un instant. Tu dis que la jouissance est précisément dans le travail, l'agitation, les transports qu'exigent et procurent les chances de gain et de perte. Je te comprends, joueur que tu es! Impressionnable et avide d'excitations, artiste en un mot, tu fais de la spéculation une espèce de passion que tu pourrais appeler l'art pour l'art.

Te dirai-je que je souffre de te voir lancé dans cette arène brûlante? J'aurais mauvaise grâce quand c'est par toi que moi-même... Mais ce n'est pas de moi qu'il s'agit.

Je ne songe qu'au péril de ta situation. Je ne m'occupe pas des chances de désastre : tu les supporterais vaillamment dès que les catastrophes seraient un fait accompli, puisque jamais ton honneur ne sera mis en jeu. Mais je songe, cher ami, à la rapidité de ces existences fébriles, à l'énorme dépense de forces qu'elles absorbent, à l'étiolement prématuré des facultés qui nous ont été données pour un bonheur plus calme et des émotions mieux ménagées. Je songe à ceux que nous avons vus briller et disparaître, blasés, malades ou tristes, lassés ou éteints, au milieu de leur poursuite et jusque après avoir atteint leur but apparent, la richesse! Je reviens à mon triste dire : la soif assouvie, l'artiste, l'homme, peut-être, sont anéantis!

Je ne t'accorde pas encore que ce soit un mal consommé. Je suis loin de le penser, et puisque tu jettes ce cri d'effroi : « Je ne me sens déjà plus artiste! » c'est que tu sens qu'il est encore temps de t'arrêter. Permets-moi de croire que je t'y déciderai, et que j'aurai, à mon retour à Paris, quelque influence sur toi : non pour te ramener, au grand désespoir des tiens, dans le grenier où nous avons peut-être trop souffert, mais pour te rendre au repos, aux plaisirs intellectuels, à la vérité, à l'amour, que tu commences à nier ! L'amour ! arrête-toi devant ce blasphème ! Tu parles à un amoureux qui poursuit son idéal dans les yeux d'une femme, comme tu poursuis le tien sur la roue de la fortune. Cette déesse-là est aveugle comme Cupidon, et, en somme, nous marchons tous deux dans les ténèbres ; mais je crois mon but plus réel que le tien, et les sentiers qui m'y conduisent sont bordés des fleurs de la poésie.

Ne ris pas, mon cher Adolphe : j'ai presque envie de pleurer quand je te vois railler nos rêves du passé et nos misères pleines d'espérance et de courage.

Quant au principal objet de ta lettre, je te dis non ; et mille fois merci, mon ami. Je n'y tiens pas ; je trouve que c'est assez. Pour rien au monde je ne voudrais m'embarquer sur ces mers inconnues. Je dois, je veux avec toi prêcher d'exemple.

#### JOURNAL DE COMTOIS.

Monsieur est, je le crains, un triste sire. Je ne sais pas encore ce qu'il est, mais il s'en cache si bien que ce doit être très fâcheux. Sitôt que je le saurai, je le quitterai. Le tout, c'est qu'il me ramène à Paris ; autrement, le voyage serait à ma charge.

J'ai fait la connaissance d'une voisine qui me désennuie un peu. C'est la femme de charge d'une dame folle qui demeure tout près d'ici. Elle s'appelle Antoinette Muiron et a beaucoup de conversation et d'esprit. Cette dame folle est riche et de grande maison, ce qui est la cause que monsieur voudrait profiter de ce qu'elle n'a pas sa tête pour l'épouser. Mademoiselle Muiron ne dit pas la chose comme elle est, mais elle s'inquiète beaucoup de savoir qui est monsieur, et je vois à son tourment que les choses vont vite. Après tout, je ne peux rien lui apprendre de monsieur, puisque je ne le connais ni d'Ève ni d'Adam ; mais le mal qu'il se donne pour épouser une folle prouve assez qu'il n'a ni sou ni maille et qu'il ne se respecte pas infiniment.

Mademoiselle Muiron est très aimable, mais bien défiante, et quand je lui dis que sa maîtresse est aliénée, elle fait celle qui se moque de moi ; mais on ne m'attrape pas comme on veut, et je sais bien que cette dame ne sort jamais, qu'elle ne reçoit personne, excepté mon maître, qu'elle chante la nuit, et qu'elle est toujours habillée de blanc. Monsieur flatte sa manie, qui est la musique, et, de chansons en chansons, il la mettra dans le cas d'être forcée de l'épouser. Voilà son plan qui est bien visible, malgré qu'il s'en cache, même avec moi.

#### NARRATION.

Le lendemain de la journée que d'Argères avait racontée à son ami, récit qui reste dans ses papiers, Laure de Monteluz, un instant secouée par les larmes qu'avaient provoquées des chants véritablement admirables, retomba dans son inertie, et d'Argères la trouva rentrée dans son marbre comme une Galathée déjà lasse de vivre. Disons quelques mots de ce jeune homme que Comtois et Toinette trouvaient si cruellement mystérieux.

Il avait eu ce qu'on appelle une jeunesse orageuse. Beau, intelligent, richement doué, confiant, prodigue, impressionnable, il avait mangé son patrimoine. Forcé de travailler pour vivre, il n'en avait pas été plus malheureux. Malgré quelques douleurs et quelques traverses passagères, tout lui avait souri dans la vie : l'art, le succès, le gain, les femmes surtout. En cela, son existence ressemblait à celle de tous les artistes d'élite, de tous les hommes favorisés par la nature, accueillis et adoptés par le monde.

Ce qui le rendait remarquable dans le temps où nous vivons, c'est qu'après avoir usé et abusé d'une vie de triomphes et de plaisirs, il était encore, à trente ans, aussi jeune de corps et d'esprit, aussi impressionnable, aussi naïf de cœur, aussi droit de jugement que le premier jour. C'était une si belle organisation, que nul excès n'avait pu la flétrir au physique, nulle déception la déflorer au moral. Les funestes enivrements qui dévorent tant d'existences vulgaires, et même beaucoup d'existences choisies, n'avaient rien épuisé, rien terni dans la sienne. Ceci est un phénomène que l'affectation du scepticisme rend très difficile à constater de nos jours, mais dont l'existence n'est pas une pure fiction de roman. Il est encore de ces natures privilégiées dont la virginité morale est inviolable et qui ne le savent pas elles-mêmes.

D'Argères avait aimé souvent, et beaucoup

aimé ; mais, faute de rencontrer sa *pareille*, il n'avait jamais été lié par l'amour. Il avait souffert, il avait fait souffrir. Né pour être fidèle, il avait été volage. Sincère, il avait trompé en se trompant lui-même sur la durée et la portée de ses affections. Les amours faciles ne l'avaient pas empêché d'être l'éternel amant du difficile. L'idéal remplissait son âme sans l'attrister. Le positif avait accès dans sa vie sans la dévorer. Tout entier à ce qui le passionnait, il regardait peu derrière lui, devant lui encore moins. Pour le passé, il avait la générosité ; pour l'avenir, le courage des forts.

Cet homme, oublieux sans ingratitude, entreprenant sans outrecuidance, ne se connaissait pas d'ennemis, parce qu'il n'enviait et ne haïssait personne. Il aimait l'art avec son imagination et avec ses entrailles. Il ne savait donc ce que c'est que la jalousie et les mille odieuses petitesses qui désolent la profession de l'artiste.

Il aimait le monde et la solitude, l'inaction complète et le travail dévorant, le bruit et le silence, la jouissance et le rêve. La succession rapide de ses goûts et de ses changements d'habitudes pouvait paraître du caprice et de l'inconséquence : c'était, au contraire, l'effet d'une logique naturelle qui le poussait à se compléter par des jouissances diverses.

Il aimait aussi les voyages. Il avait parcouru l'Europe, et, tout en courant vite, tout en vivant beaucoup pour son compte, son grand œil bleu qui voyait bien avait embrassé, dans une appréciation juste, les hommes et les choses. Cette expérience ne l'avait rendu ni amer ni pessimiste en aucune façon. Les belles âmes ont une bonté souveraine qui leur fait une loi facile de l'indulgence, une foi solide du progrès. Il faudrait être niais pour ne pas voir le mal, disait-il ; il faut être impitoyable pour le croire éternel.

D'Argères avait donc de grands instincts religieux. Il n'est guère de véritable artiste sans spiritualisme sincère et profond. La foi de l'artiste est même plus solide que celle du philosophe. Elle n'est pas discutable pour lui, elle est son instinct, son souffle, sa vie même.

D'Argères était à la fois un grand esprit et un bon enfant. Il était homme, et c'est avouer que l'insensibilité de cette belle Laure, qu'il admirait trop pour ne pas l'aimer déjà un peu, lui fit éprouver dans les premiers moments une certaine mortification intérieure ; mais son bon sens prit aisément le dessus, et il se moqua de lui-même. « Après tout, se dit-il, c'est moi qui ai voulu la voir, et l'ayant vue, c'est moi qui ai voulu me produire devant elle. Ses larmes et sa confiance sont un paiement fort honnête de mon petit mérite. Que me doit-elle de plus ? » Et puis, en la voyant si navrée et comme incurable, il se prenait d'une tendre compassion pour elle. Il se reprochait généreusement de s'amuser aux bagatelles de l'amour propre, devant une souffrance si absolue et si peu importune. Peut-on s'irriter contre le silence des tombes ?

L'espèce de maladie ou plutôt de courbature morale qui pesait sur cette femme amena entre elle et d'Argères une manière d'être assez inusitée, et l'espèce d'abîme creusé entre eux par sa douleur fut précisément la cause d'une sorte d'intimité étrange et soudaine. Il est très certain qu'à cette époque, sans avoir jamais eu aucun symptôme d'aliénation, la veuve d'Octave ne jouissait pourtant pas d'une lucidité complète. Pour avoir trop contenu les manifestations d'un désespoir violent, elle avait pris une habitude de stupeur dont il ne dépendait pas toujours d'elle de sortir. Plongée ou ravie dans des contemplations intérieures, tantôt pénibles, tantôt douces, elle était devenue si étrangère au monde extérieur, qu'elle n'avait pas toujours la notion du temps qui s'écoulait et des êtres qui l'entouraient. Elle passa quelques jours dans un redoublement de fatigue pendant lequel d'Argères resta des heures entières à l'observer et à la suivre, tantôt de près, tantôt à distance, sans qu'elle se rendît bien compte de sa présence. Elle le salua plusieurs fois, comme si, à chaque fois, il venait d'arriver, oubliant qu'elle l'avait déjà salué. Elle le quitta au milieu d'un échange de paroles courtoises et revint, après avoir rêvé seule au bout d'une allée, reprendre la conversation où elle l'avait laissée, sans s'apercevoir qu'elle l'eût interrompue. Dans d'autres moments, elle vint finir près de lui une réflexion ou une rêverie qu'elle avait commencée en elle-même. Enfin, il y eût des lacunes dans son cerveau qui permirent à ce jeune homme déjà épris, de la voir plus souvent et plus longtemps que les convenances ne semblaient le permettre, et qui l'eussent compromise dans un pays moins désert, dans une demeure moins isolée, et sous les yeux d'une personne moins dévouée que Toinette.

Tant que d'Argères crut à l'impossibilité de devenir amoureux d'un fantôme, il se laissa aller à l'espèce d'attrait curieux qu'il éprouvait à l'observer.

Le piano était aussi pour quelque chose dans l'instinct qui l'entraînait vers le Temple, et qui l'y retenait une partie de la journée. Il avait l'âme pleine de pensées musicales qui recommençaient à le tourmenter et dont il demandait à sa propre audition la sanction définitive. La désolée l'écoutait de loin, voulant lui laisser sa liberté et ne pas gêner les hésitations de sa fantaisie par une attente indiscrète. La délicate réserve qu'elle y apporta fit croire parfois à l'artiste que sa jouissance musicale était épuisée, et qu'elle devenait insensible à cette distraction comme à toutes les autres. Il demanda à Toinette s'il ne devenait pas plus ennuyeux qu'agréable. Celle-ci lui répondit qu'il ne devait rien craindre : ou madame de Monteluz l'écoutait avec plaisir, ou elle ne l'entendait pas du tout, car elle avait la faculté de s'abstraire complètement.

Laure avait pris l'habitude de passer presque toute la journée en plein air. La maison ne lui offrant aucune ressource de bien-être et l'attristant sensiblement, elle cherchait le soleil, la vue des arbres, et marchait lentement, mais sans relâche, sans jamais sortir de l'enclos qui, tant jardin que bosquet et prairie, présentait, au revers de la colline, un assez vaste parcours. Néanmoins, cette obstination ambulatoire, cette inaction absolue, avec une physionomie absorbée, étaient des symptômes effrayants que Toinette n'osait confier à personne, et qui, augmentant avec la santé apparente de sa maîtresse, lui faisaient perdre la tête aussi, et se jeter dans l'espoir d'une aventure de roman comme on s'attache à une ancre de salut.

D'Argères observait aussi ces symptômes avec une terreur secrète. Sa répugnance pour les fous lui faisait croire que la belle Laure ne pourrait jamais être à ses yeux qu'un objet de pitié ; mais, par un phénomène bien connu des imaginations vives, cette pitié et cet effroi le fascinaient et s'emparaient de sa contemplation, de sa rêverie, de sa pensée continuelle.

Il croyait l'oublier en faisant de la musique. La maison étant déserte et l'hôtesse invisible, il s'installait devant le piano, où ses idées les plus riantes prenaient, malgré lui, une teinte de sombre tristesse. Il en était épouvanté, et voulait fuir la contagion qui semblait s'être attachée à cette morne demeure et même à cet instrument qui lui semblait tout à coup humide de larmes ou brûlant de fièvre. Mais tout à coup aussi la désolée passait à portée de sa vue, et il subissait l'influence magnétique de sa marche lente et soutenue. Cette beauté, extasiée dans un rêve d'infini, s'emparait de lui comme pour l'emporter dans un monde inconnu, à travers des pensées sans issue et des énigmes sans mot. C'était un sphinx qui, sans le regarder, sans le voir, l'enlaçait irrésistiblement dans les spirales sans fin de sa promenade fantastique.

Oppressé d'une angoisse terrible, l'artiste s'élançait dehors et croisait les pas de la désolée comme pour rompre le charme. Elle se réveillait alors et venait à lui, d'abord sans le reconnaître ; puis, son regard étonné s'adoucissait, un faible sourire errait sur ses traits ; elle lui disait quelques mots sans suite, et, après quelques tâtonnements de sa volonté pour rentrer dans le monde réel, elle lui parlait avec une douceur pénétrante. Peu à peu, elle reprenait les grâces de la femme, grâces d'autant plus persuasives qu'elles étaient involontaires. Tantôt elle s'excusait de son manque d'égards, traitant naïvement d'Argères comme un artiste religieusement ému traite un grand maître ; tantôt s'excusant de son indiscrétion et disant avec une simplicité d'enfant : « Restez, restez, je m'en vais ! Je n'écouterai plus, je me tiendrai bien loin ! » Il me semblait alors qu'elle eût oublié qu'elle était chez elle, et qu'elle s'imaginât que d'Argères était le maître de la maison et le propriétaire du piano.

Cet état de choses, insolite et bizarre, dura plusieurs jours, pendant lesquels d'Argères, attiré et retenu comme le fer par l'aimant, ne rentra à Mauzères que contraint et forcé par l'heure et le sentiment des convenances. Ce peu de jours, qui pouvait avoir dans l'esprit de la désolée la durée d'un instant comme celle d'un siècle, suffit pour créer à cette dernière une habitude, un besoin d'entendre d'Argères et de l'apercevoir à chaque instant, besoin dont elle ne pouvait se rendre compte, mais qu'elle éprouvait réellement, comme on va le voir.

Vers la fin de la semaine, comme monsieur Comtois écrivait sur son journal : « Dieu merci, on s'en va ! monsieur m'a dit de redemander ses cravates à la lingerie, » d'Argères, se sentant gagner par un trouble intérieur qu'il était encore à temps de se nier à lui-même et de combattre par la fuite, résolut de ne plus retourner au Temple et d'aller rejoindre à Vienne le baron, dont l'absence menaçait de se prolonger.

En conséquence, il ordonna à l'heureux Comtois de faire sa malle pour le lendemain matin, et il s'enferma pour écrire des lettres et mettre en ordre ses papiers. Il crut devoir adresser à madame de Monteluz quelques mots d'excuse pour la prévenir que des affaires imprévues l'empêchaient d'aller prendre congé d'elle ; mais il ne put jamais trouver l'expression respectueuse sans froideur, et affectueuse sans passion. Il déchira trois fois et s'impatientait contre le problème qui s'agitait en lui, lorsqu'on frappa à sa porte. Il cria *entrez*, et vit apparaître Antoinette Muiron.

— Que diable venez-vous faire ici ? lui dit-il avec l'espèce de dépit que l'on éprouve à la pensée d'être vaincu fatalement par un faible adversaire. Pourquoi quittez-vous votre maîtresse qui est seule, ou pis que seule, avec votre maritorne de laitière !

— Monsieur, répondit Toinette sans se troubler d'un accueil si maussade, je ne suis pas inquiète de madame dans un moment plus que dans l'autre. Elle n'est pas folle, comme il plaît à votre valet de chambre de le dire : elle n'a jamais eu l'idée du suicide...

— Et que m'importe ce que pense mon valet de chambre ? Pourquoi connaissez-vous mon valet de chambre ? Pourquoi venez-vous ici le questionner ?

— Je suis venue le questionner sur votre départ, parce que j'ai vu tantôt dans vos yeux que vous ne vouliez pas revenir.

— Eh bien, après ?

— Pourquoi partir demain, monsieur, puisque vous aviez encore une semaine à nous donner ?

— Et pourquoi rester, je vous le demande ? La tristesse de madame de Monteluz se communique à moi et me fait mal ; je ne vous l'ai pas caché ; je ne peux en aucune façon l'en distraire...

— Ah ! voilà où vous vous trompez, monsieur ! Votre musique lui faisait tant de bien !

— Ma musique, ma musique ! Qu'elle prenne un chanteur à ses gages !

— Allons ! dit la Muiron avec un sourire de triomphe, c'est un dépit d'amoureux ; je le savais bien !

— Eh bien, ce serait une raison de plus pour me sauver ! Et vous, qui me retenez d'une manière si ridicule pour ne rien dire de plus, quand vous savez fort bien qu'il n'y a de danger que pour moi, je vous trouve obsédante, folle, presque odieuse ! N'avez-vous pas dit que ce serait *tant pis pour moi* ? Eh bien, allez au diable, et je dirai tant pis pour vous !

Malgré sa douceur habituelle, d'Argères était irrité. La Muiron le désarma en fondant en larmes.

— Oui, je suis folle, dit-elle, mais je ne suis pas odieuse ! J'aime ma maîtresse, et je la vois perdue si elle reste ainsi.

— Arrachez-la à cette solitude, dit d'Argères radouci ; reconduisez-la chez ses parents.

— Oui, monsieur, je le ferai ; mais ce sera pire. Elle n'aura pas plus de consolation, et on la tourmentera par-dessus le marché.

— Faites-la voyager !

— Oui, si elle y consentait ; mais comment gouverner une personne qui vous supplie de la laisser tranquille, comme un mourant supplierait le bourreau de ne pas le torturer ?

— Mais que puis-je à tout cela, moi ? Rien, vous le savez de reste.

— Qui sait, monsieur ? Vous l'avez fait pleurer ; c'était déjà un grand miracle. Depuis ce jour-là, elle est encore plus triste, c'est vrai, mais elle est aussi moins abattue. Elle vous parle dix fois par jour, tandis qu'elle passait des quarante-huit heures sans dire un mot. Elle vous voit, elle vous entend.

— Pas toujours !

— Presque toujours ! tandis qu'elle ne m'entendait ni ne me voyait la moitié du temps. Enfin, elle est tourmentée aujourd'hui, ce soir surtout ; elle ne sait de quoi.

— Ce n'est pas de mon départ ? Elle ne s'en doute seulement pas.

— Elle n'a pas remarqué votre manière de lui dire adieu, et pourtant elle sent que vous la quittez. Quelque chose le lui dit. Elle croit que ça ne lui fait rien, et ça lui fait du mal.

— D'Argères sentit que Toinette était dans le vrai. Il se défendit de plus en plus faiblement, et finit par prendre son chapeau pour la reconduire.

Dans le vestibule de Mauzères ils virent Comtois en observation, qui dit tout bas à Toinette avec un sourire horriblement sardonique :

— Hé bien ! monsieur va voir votre malade ?

— Oui, monsieur Comtois, répondit Toinette avec aplomb ; ne savez-vous pas que votre maître est médecin ?

Comtois, tout étourdi de cette nouvelle, retourna dans l'antichambre et écrivit sur son journal :

« Je m'en étais toujours douté : monsieur est
» un homme de peu ; c'est un médecin. »

## VI.

### NARRATION.

La soirée était attristée par le vent et la pluie, et les sentiers détrempés rendaient la marche difficile. D'Argères se persuada qu'il n'accompagnait Toinette que par humanité et ne parut se rendre à aucune des raisons qu'elle employait pour retarder son départ. Quand ils furent à la porte de l'enclos, une sorte de convention tacite les poussa à y entrer ensemble tout en parlant, d'une manière générale, de ce qui les intéressait l'un et l'autre. Toinette se garda bien de lui faire observer qu'il franchissait le seuil : il eût pu se raviser. D'Argères n'eut garde de paraître s'apercevoir de sa distraction : il se serait dû à lui-même de ne point faire un pas de plus.

Mme de Monteluz passait les soirées assise sur la terrasse ; mais la pluie l'avait fait rentrer. Ils la trouvèrent au salon, sur une chaise de paille, morne, les bras croisés, les yeux fixés à terre ; mais elle tressaillit, contre son habitude, en se voyant surprise, et, se levant. Ah ! mes amis, s'écria-t-elle, vous ne m'aviez donc pas abandonnée ? Elle pressa la main de d'Argères d'une main tremblante et glacée, et embrassa Toinette. Deux grosses larmes coulaient lentement sur ses joues.

— Abandonnée ! dit Toinette éperdue. Quelle idée avez-vous eue là ? Moi, vous abandonner !

— Je ne sais pas, répondit Laure, comme honteuse de son effusion, mais j'ai cru... Elle étouffa un nouveau tressaillement nerveux, et se rassit brisée.

— Qu'est ce que vous avez donc cru ? lui dit d'Argères, irrésistiblement entraîné à plier les genoux près d'elle et à reprendre ses mains dans les siennes. Voyons, je vous le disais bien, mademoiselle Muiron, vous avez eu tort de la laisser seule. Elle s'est effrayée de la nuit, de l'isolement, du silence. Elle a eu froid, elle a eu peur. Et d'Argères, prenant à Toinette le burnous de laine blanche qu'elle apportait, en enveloppa Laure et laissa quelques instants ses bras autour d'elle comme pour la réchauffer. Dans cette amicale étreinte, l'artiste s'aperçut ou ne s'aperçut pas qu'il mettait toute son âme. Il était vaincu par son propre entraînement ; il ne songeait pas à interroger le sphinx. Si la vie eût tressailli dans ce marbre, il ne l'eût pas senti, tant il était agité lui-même. Il se trouvait envahi par la passion, mais envahi tout entier, comme le sont les belles natures qui n'ont pas besoin de dompter leur ivresse, parce que leur amour est tout un respect, tout un culte. Ceux-là seuls qui n'aiment pas complètement craignent de profaner leur idole par quelque audace. Ils sont impurs, puisqu'ils craignent de communiquer l'impureté.

D'Argères ne sentit rien de semblable au fond de sa pensée. Laure restait dans ses bras, immobile et chaste, mais elle le regardait avec un doux étonnement où n'entrait aucun effroi. Elle m'aimera, se dit d'Argères, si elle peut encore aimer, car je l'aime, et par là je le mérite. Si elle m'aime, elle croira en moi, elle m'appartiendra.

Dès ce moment, il fut calme. Laure n'avait peut-être pas senti son étreinte, mais elle l'avait remarquée et ne l'avait pas repoussée. Elle était à lui, sinon par l'amour, au moins par l'amitié, puisqu'elle avait foi en lui. Etrangère aux alarmes d'une fausse pudeur, défendue de tout danger auprès d'un homme de bien, par la vraie pudeur de l'âme, elle acceptait son intérêt et ses consolations sans les avoir provoquées volontairement. Un sentiment noble, quel qu'il fût, ardent ou fraternel, les unissait donc déjà, grâce aux souveraines révélations des grands instincts. Aucune amertume, aucune feinte réserve, ne pouvait plus trouver place dans leurs relations.

— Allez-vous-en, dit d'Argères à Toinette, après qu'elle eut servi le thé. Je veux lui parler.

— Comment, monsieur, dit Toinette effarée, je vous gêne ?

— Oui, parce que vous ne me comprendriez pas. Je veux être seul avec elle. Entendez-vous ? Je le veux !

Elle sortit consternée, se disant qu'elle avait amené le loup dans la bergerie, et retombant dans une de ces alternatives où son caractère, mêlé de poésie et de prose, la jetait sans cesse : oser et trembler.

D'Argères présenta le thé à Mme de Monteluz ; il la fit asseoir sur le moins mauvais fauteuil qu'il put trouver ; il lui mit un coussin sous les pieds, et s'y agenouillant, — Faites un grand effort sur vous-même, lui dit-il sans préambule et avec une conviction hardie. Ecoutez-moi et répondez-moi.

Toujours étonnée, mais silencieuse, elle lui répondit avec les yeux qu'elle s'y engageait.

— Qu'est-ce que vous avez cru, ce soir, en vous trouvant seule ?

— Ai-je cru quelque chose ?

— Oui, vous avez commencé cette phrase : J'ai cru... Il faut l'achever.

— Je ne me souviens plus.

— Souvenez-vous ! dit d'Argères.

Elle ferma les yeux comme pour regarder en elle-même, puis elle lui répondit :

— J'ai cru par moments que j'étais complétement délaissée.

— Par qui ?

— Par vous deux. Par vous, c'était tout simple, et je ne pouvais ni m'en étonner ni m'en plaindre, mais par Toinette... je n'y comprenais rien... Attendez ! Oui, j'étais sous l'empire d'un mauvais rêve.

— Est-ce que vous avez dormi ?

— Je ne crois pas. Je rêve aussi bien quand je suis éveillée que quand je dors ; et, d'ailleurs, je ne distingue pas toujours bien ma veille de mon sommeil. Ah çà ! ajouta-t-elle après une pause inquiète, est-ce que vous ne savez pas que je suis folle ?

— Pourquoi me retirez-vous vos mains ? dit d'Argères frappé de son mouvement.

— Parce que l'on ne s'intéresse pas aux fous, je le sais. Quelque doux et soumis qu'ils soient, on en a peur. Si donc vous ne connaissez pas ma situation, si Toinette ne vous a pas dit que j'étais une sorte d'idiote tranquille, privée de mémoire et incapable de suivre un raisonnement, il faut que vous le sachiez.

— Pourquoi ?

— Parce que je vois bien que vous me portez un généreux intérêt, et que je ne veux pas en usurper plus que je n'en mérite.

— Vous méritez tout celui dont je suis capable, si votre mal moral est involontaire. Là est la question ; confessez-vous.

— Me confesser ? dit Mme de Monteluz, dont la figure s'assombrit ; et pourquoi donc ?

— Pour que je sache si je dois vous aimer.

— M'aimer ! moi ? s'écria-t-elle en se levant avec effroi. Oh ! non ! jamais, personne, entendez-vous bien !

— Est-ce que vous croyez que je vous demande de l'amour ? dit d'Argères. Pourquoi cette frayeur ?

— C'est une frayeur d'enfant imbécile, si vous voulez, dit-elle en se rasseyant ; mais pour moi, le mot aimer est un mot terrible ; et quand quelqu'un auprès de moi le prononce... Non ! non ! je ne veux pas seulement que Toinette me dise qu'elle m'aime ! Aimer un être mort, c'est affreux ! je sais ce que c'est !

— Alors ! vous voulez seulement qu'on vous plaigne. Vous n'acceptez, comme vous dites, que la pitié.

— Pourquoi la repousserais-je ? C'est un bon, un divin sentiment, qui fait encore plus de bien à ceux qui l'éprouvent qu'à ceux qui en sont l'objet. Je sens cela en moi-même quand je m'aperçois que j'oublie mon mal auprès des autres malheureux.

— Si vous connaissez encore la pitié, vous êtes encore capable d'aimer, car la pitié est un amour.

— Un amour général qui ne s'attache pas à un seul être au détriment de tous les autres. Voilà celui que j'accepte, et que je peux payer par la reconnaissance.

— Cela est très logique, dit d'Argères en souriant pour cacher l'effroi que lui causait la fermeté de son accent, et pour une personne idiote ou folle, c'est assez puissant de raisonnement. Puisque vous êtes en ce moment si lucide, résumons-nous : Vous ne voulez pas être aimée à l'état d'individu, mais secourue et consolée par des charités toutes chrétiennes, parce que vous ne valez pas la peine qu'on se consacre à vous en particulier. Pourtant si Toinette s'absente une ou deux heures, vous êtes inquiète, vous vous affligez.

— Oui, je suis faible, mais je ne suis pas injuste ; je ne lui adresse, ni des lèvres ni du cœur, aucun reproche.

— Mais pourtant sa vie entière est absorbée dans la vôtre, et vous acceptez ce dévouement. Donc, vous pouvez faire exception à votre rigidité d'abnégation en faveur de quelqu'un, et vous sentez bien que ce quelqu'un vous aime.

— Ah ! monsieur, même de la part de Toinette, qui m'a élevée, qui s'est fait, de me soigner, une habitude impérieuse et un devoir jaloux, cela me cause des remords. Vous avouerai-je.... Oui, vous voulez que je me confesse ! Eh bien ! il y a des heures, des jours entiers où ce remords m'est si poignant, où je suis si révoltée contre moi-même d'accaparer ainsi, au profit de ma misérable demi-existence, le dévouement d'une personne qui a le droit et le besoin d'exister pour elle-même ; enfin, je me fais quelquefois tellement honte et aversion, que j'ai des pensées de suicide et que j'y cédai; et si je ne craignais de laisser des remords imaginaires à cette pauvre fille. Alors, voyez-vous, il me prend des envies sauvages de la fuir, de fuir tout le monde, de n'être plus à charge à personne... Ah! si je savais un désert que je pusse atteindre en liberté! Celui-ci m'a affranchi de la souffrance de mes proches; mais déjà on me réclame, on me rappelle... et il n'est d'ailleurs pas assez profond, puisque m'y voilà avec Toinette qui m'aime et vous qui parlez de m'aimer!

Le raisonnement est inattaquable, pensa d'Argères, qui l'écoutait sans dépit, parce qu'il voyait en elle une sincérité complète. Je ne vaincrai pas sa douloureuse sagesse. Voyons si les entrailles sont muettes et si tout instinct d'affection humaine est éteint pour jamais.

Il se leva en silence, lui baisa la main et sortit. Toinette était sur le palier, essayant de voir et d'entendre. Il la repoussa avec autorité et resta quelques instants seul et attentif au moindre bruit. Que Dieu me pardonne de la torturer peut-être! pensa-t-il en collant son oreille à la porte. Ce sera son salut. Il entendit enfin un brusque sanglot et rentra vivement. Laure s'était laissée tomber, assise sur ses genoux, les mains pendantes, les cheveux dénoués, des larmes sur les joues, dans une attitude de Madeleine au désert. Elle était si belle dans sa douleur qu'il en fut ébloui. Il eût osé baiser ses larmes s'il eût été certain, dans le premier moment, de les avoir fait couler.

Mais le sphinx resta muet. Elle se releva précipitamment en voyant d'Argères à ses côtés, et parut croire qu'elle s'était trompée en pensant qu'il la quittait pour toujours.

— Que faisiez-vous là à genoux? lui dit tristement d'Argères, un peu decouragé.

— Je priais, dit-elle.

— Et que demandiez-vous à Dieu?

— De vous donner du bonheur et de me faire bientôt mourir, répondit-elle d'un ton de candeur angélique.

— Mourir! reprit d'Argères abattu. Oui, c'est le refuge des âmes glacées qui ne veulent plus aimer.

— Dites qui ne peuvent plus! Ecoutez, ne me croyez pas si lâche que de ne pas avoir lutté. Ne me jugez pas comme fait ma belle mère, qui me dit que je nourris ma douleur parce que j'aime ma douleur. Non, non, personne n'aime la souffrance! Tous les êtres la fuient. J'ai voulu, j'ai souhaité guérir; je voudrais encore, si j'espérais en venir à bout. J'ai obéi à toutes les prescriptions physiques et morales. J'ai écouté le prêtre et le médecin. J'ai recouvré la santé du corps, et croyez bien que ce n'est pas sans peine et sans un mortel ennui que j'ai pu suivre un régime et consacrer du temps à me cultiver comme une plante précieuse, quand je me sentais pour jamais privée de soleil et de parfums. On me disait: Guérissez le corps, la santé morale reviendra. Quelle santé morale? La résignation. On en a de reste devant les maux accomplis et sans remède. La soumission aux volontés de Dieu? Comment pourrais-je me révolter contre ce qui m'a écrasée? Tenez, on succombe à cette guérison-là. Elle s'est faite en moi, et pourtant j'entre toute vivante dans les ténèbres de la mort. Je me porte bien, et je perds mes facultés. Ma volonté m'échappe, mes forces intellectuelles s'émoussent. Je ne souffre même plus, je m'ennuie!

— Alors, dit d'Argères profondément attristé, vous ne voulez plus lutter? Vous n'essaierez plus rien pour sauver votre âme?

— Je n'ai pas dit cela, reprit-elle, je ne le dirai jamais. Je crois à la bonté sans bornes de Dieu, mais je crois aussi à nos devoirs sur la terre. Jusqu'à mon dernier jour de lucidité je me défendrai de mon mieux contre les vertiges qui m'envahissent. Vous voyez bien que je le fais; vous exigez que je parle de moi, et j'en parle! C'est pourtant la chose la plus difficile et la plus pénible que je puisse me commander à moi-même.

— Vous avez raison de le faire, et je ne veux pas vous en remercier. Ce n'est pas pour moi que vous le faites: c'est pour vous; dites avec vérité que c'est pour vous!

— C'est pour ma famille qui est contristée, humiliée et scandalisée de ma situation d'esprit; c'est surtout pour cette pauvre fille qui me sert, qui ne m'a jamais quittée, qui a ses travers, je le sais, mais dont l'affection et la patience effacent toutes les taches devant Dieu et devant moi; c'est pour vous en cet instant! pour vous à qui je ne veux pas léguer, pour remerciment de quelques jours de commisération, l'exemple d'un abandon de moi-même qui pourrait, si jamais vous êtes malheureux, vous faire croire à l'abandon de Dieu envers ses créatures.

— Ainsi ce n'est pas pour vous-même?

— Pour moi? Ah monsieur! vous ne savez pas une chose effrayante... Non, je ne veux pas vous la dire!

— Dites-là! s'écria d'Argères, dont la passion croissante s'armait d'une volonté capable d'exercer une sorte d'ascendant magnétique.

— Eh bien, répondit-elle, le suicide moral a de plus grands attraits encore que le suicide matériel; si on s'y laissait aller... Il y a dans l'oubli de la réalité, dans le rêve du néant, dans le trouble de la folie, un charme épouvantable qui semble parfois la récompense et le soulagement promis aux violentes douleurs longtemps comprimées!

— Taisez-vous! dit d'Argères; cette pensée doit vous faire frémir. Elle est impie; chassez-la de votre cœur à jamais; craignez qu'elle ne soit contagieuse pour ceux qui vous comprendraient!

— Oui, vous avez raison! répondit-elle vivement en lui saisissant le bras comme si elle eût craint, cette fois, de rouler dans un abîme ouvert sous ses pieds. Vous avez raison! vous avez une âme vraiment croyante, vous; vous me parlez comme un père... vous faites du bien, c'est là ce qu'il faut me dire! Et quoi, encore? Parlez-moi, vous me faites du bien!

— Si cela est, s'écria d'Argères en la saisissant dans ses bras et en l'y retenant, vous êtes sauvée! je le jure devant Dieu! Restez-là, sans honte, sans crainte, et reposez cette tête malade sur un cœur plein de jeunesse et de force! Fiez-vous à moi qui ne vous demande rien et qui ne pourrais vouloir de vous que ce que vous me pouvez pas me donner, une affection complète et absolue. Fiez-vous entièrement, Laure; je suis trop fier pour songer à égarer l'esprit d'une femme comme vous; je me respecte trop moi-même pour ne pas vous respecter. Votre pudeur alarmée en ce moment me serait une injure mortelle. Ecoutez-moi donc et croyez-moi. Ce n'est pas moi, un inconnu, un passant qui vous parle; c'est quelque chose qui est en moi et qui me commande de vous parler; quelque chose de supérieur à votre volonté et à la mienne; c'est la voix de l'amour même qui remplit mon sein et qui déborde, mais sans délire, sans effroi, sans hésitation. Laure, je vous aime. Je pourrais vous cacher que c'est une passion qui m'envahit; vous offrir seulement, pour vous tranquilliser, une amitié douce et fraternelle. Je vous tromperais; ce serait un plan de séduction, ce serait infâme. Il faut que vous acceptiez mon amour pour accepter mon amitié, car l'amitié est dans l'amour vrai, et si l'un vous effraye, l'autre vous est nécessaire. Vous devez guérir, vous voulez ne pas perdre la notion de Dieu et le titre sacré de créature humaine. Arrière donc l'abîme décevant de la folie! Qu'il soit à jamais fermé! Oubliez que vous y avez plongé un regard coupable. Ayez la volonté, respectez-vous, aimez-vous vous-même, voilà tout ce que je vous demande, tout ce que je prétends vous persuader en vous aimant. Ne vous inquiétez pas, ne vous occupez pas de moi, ne voyez en moi que le médecin sérieux de votre noble intelligence ébranlée. Je ne peux pas souffrir de mon rôle; j'ai la foi. Quand même je souffrirais, d'ailleurs! Je ne suis pas sans courage, et je vous dis pour vous rassurer : Sachez que je souffrirais davantage si je vous quittais maintenant.

Il lui parla encore avec effusion et trouva l'éloquence du cœur pour la convaincre. Elle l'écouta sans lui imposer silence, sans relever sa tête qu'il avait attirée sur son épaule, sans exprimer, sans ressentir le moindre doute sur la sincérité et la force du sentiment qu'il exprimait. Il y eut même un instant où, bercée par le son de sa voix, elle ferma les yeux et l'entendit comme dans un rêve. D'Argères avait gagné en partie la cause qu'il plaidait : elle avait foi en lui.

Mais elle ne pouvait retrouver si vite la foi en elle-même, et, se relevant doucement, elle lui dit avec un sourire déchirant :

— Oui, vous êtes grand, vous êtes vrai, vous êtes jeune, pur et bon. J'accepte de vous la sainte amitié; je voudrais pouvoir accepter le divin amour! Eh bien, je me suis interrogée en vous écoutant, et chacune de vos paroles m'a éclairée sur moi-même. Je ne peux pas accepter une si noble passion, et pour qu'elle s'efface en vous, pour que l'amitié seule me reste, il faut que nous nous quittions pour longtemps. Vous souffririez près de moi de me sentir indigne d'être si bien aimée. Oui, oui! je sais ce que vous souffririez de la disproportion de nos sentiments. Ah! ceux qui se laissent aimer...

— Que voulez-vous dire?

— Rien! Ne m'interrogez pas; ne réveillons pas ma mémoire; ne songeons pas trop non plus à l'avenir. J'ai peur de tout ce qui n'est pas le moment où je vis. Je vis si rarement! En ce moment-ci, je vis grâce à vous; je crois au tendre intérêt, aux sollicitudes infinies, à l'immense dévouement; cela suffit à me faire un bien immense. Soyez donc béni, et que le côté le plus sublime de votre attachement pour moi soit satisfait et récompensé. Je peux vous dire que je guérirai peut-être, ou tout au moins que je veux, que je désire guérir. Voilà tout le baume que, quant à présent, vous pouvez verser sur ma blessure. Davantage serait trop. J'y succomberais peut-être. Je n'ai pas la force de regarder le ciel, moi dont les yeux ne peuvent même pas supporter l'ombre. Je deviendrais aveugle ; j'éclaterais comme l'argile à un feu trop ardent. Quittez-moi, et dites-moi seulement que ce n'est pas pour toujours! Toujours! c'est une idée affreuse, c'est comme la mort! Quand j'ai cru, ce soir, que je ne vous reverrais plus, je l'ai cru deux fois, d'abord dans une sorte d'hallucination, pendant que Toinette s'était absentée, et puis tout à l'heure, avec une lucidité plus cruelle, quand vous êtes sorti... eh bien! dans ma frayeur, je vous pleurais... car je vous aimais, et je vous aime! oui, autant que je peux aimer maintenant! ne vous y trompez pas. C'est peu de chose, au prix de ce que vous m'offrez. C'est un mouvement égoïste, comme celui de l'enfant qui s'attache à un secours sans être capable de rendre la pareille. Vous ne devez pas consacrer votre vie, pas même une courte phase de votre vie, à un être frappé de la plus funeste ingratitude, celle qui s'avoue et ne peut se vaincre. Quand même vous en auriez l'admirable courage, je refuserais, moi! car je me prendrais en horreur et mon scrupule deviendrait intolérable. Adieu, adieu! quittez-moi, oubliez-moi quelque temps ; vivez! Si je guéris, si je me sens renaître, ne fussé-je digne que de l'amitié que vous m'aurez conservée, je vous la réclamerai. Vous êtes trop parfait pour n'avoir pas inspiré déjà d'ardentes amours. Elles n'ont pourtant pas été à la hauteur de votre âme, puisque vous n'avez aucun lien qui vous ait empêché de m'offrir cette âme dévouée ; mais c'est, dans votre destinée, une lacune qui sera comblée promptement. Mal ou bien, vous serez encore récompensé mieux que par moi, jusqu'à l'heure où vous rencontrerez la femme entièrement digne de vous. Cette pensée ne trouble pas l'espérance que je garde de vous retrouver et d'être pour vous quelque chose comme une sœur respectueuse et tendre.

Tel fut le résumé, souvent interrompu, des réponses de Laure. En la trouvant si nette dans ses idées et si fortement retranchée dans une humilité douloureuse, l'artiste s'affligea plus d'une fois, mais il ne désespéra pas un instant. Il repoussait l'idée d'une séparation; il refusait l'épreuve de l'absence. Il sentait bien que l'amour se communique par la volonté. Si Laure n'était pas de ces organisations débiles qui en ressentent et en subissent la surprise physique, elle n'en était que mieux disposée à comprendre et à partager une passion complète et vraie. C'était une femme dont il fallait d'abord posséder le cœur et l'esprit. D'Argères n'était pas au-dessous d'une telle tâche.

Il ne voulut pas augmenter l'effroi qu'elle avait d'elle-même, et promit de se soumettre à toutes ses décisions ; mais il demanda deux ou trois jours avant d'en accepter une définitive, et il fut autorisé à revenir le lendemain matin.

## VII.

Le même soir, en rentrant, d'Argères écrivit la lettre suivante :

« Laure, je suis bien heureux ! vous croyez en moi. Vous n'avez admis aucun doute sur ma loyauté. Vous m'avez rendu bien fier, bien reconnaissant envers moi-même. Jamais je n'ai senti si vivement le prix d'une conscience *sans peur et sans reproche.*

» Vous m'avez rempli d'orgueil pour la première fois de ma vie. Oui, vraiment, voici la première fois que j'obtiens une gloire qui m'élève au-dessus de moi-même. C'est que vous êtes une femme unique sur la terre. Est-ce la nature ou la douleur qui vous a faite ainsi? Personne ne vous ressemble. Vous subjuguez comme en dépit de vous-même. Vous ignorez, non pas seulement la puérile coquetterie de votre sexe, mais encore la légitime puissance de votre beauté physique et morale. Vous êtes humble comme une vraie chrétienne, naïve comme un enfant, simple comme le génie. Je ne sais pas encore quel génie vous avez, Laure : peut-être aucun que le vulgaire puisse apprécier ; mais vous avez celui de toutes choses pour qui sait vous comprendre. Vous avez surtout celui de l'amour. Il se manifeste dans la terreur même qu'il vous cause, dans votre refus de l'essayer encore. Eh bien, j'attendrai. J'attendrai dix ans, s'il le faut ; mais, certain de ne retrouver nulle part un trésor comme votre âme, je ne renoncerai jamais à le conquérir ; mon espérance ne s'éteindra qu'avec ma vie.

» Avant de vous revoir, Laure, et comme je ne veux, auprès de vous, m'occuper que de vous, je viens vous parler de moi, de mon passé, de ma vie extérieure. Malgré votre sublime confiance, je me dois à moi-même de vous faire connaître, non pas l'homme qui vous aime, il est tout entier dans l'amour qu'il a mis à vos pieds ; mais l'homme que les autres connaissent, l'artiste que vous croiriez peut-être appartenir au monde et qui n'appartiendra plus jamais qu'à vous.

» Vous m'avez dit, la première soirée que j'ai passée auprès de vous, que vous aviez entendu parler d'Adriani, un chanteur de quelque mérite, qui disait sa propre musique, et dont les compositions vous avaient paru belles. C'était un souvenir qui, chez vous, datait d'avant vos chagrins. Je vous ai questionnée sur son compte, feignant de ne pas le connaître, afin de savoir ce que vous pensiez de lui. Vous ne l'aviez jamais vu, disiez-vous, parce que, à l'époque où il commença à faire un peu de bruit, vous veniez de quitter Paris pour vivre en Provence. Vous aviez su qu'il était parti peu de temps après pour la Russie; et puis, le malheur vous ayant frappée, vous aviez perdu la trace de ses pas et le souvenir de son existence; mais vous disiez que vous aviez quelquefois chanté ou lu ses compositions dans ces derniers temps, et que vous trouviez, dans ce que je vous avais chanté, le soir même, des formes qui vous rappelaient sa manière.

»Vous m'avez dit encore : « Je n'ai guère l'espérance de jamais l'entendre. S'il revient en France (il y est peut-être maintenant), ce n'est pas un homme à courir la province, et on ne le verra jamais sur aucun théâtre. On m'a dit qu'il avait de quoi vivre chétivement sans se vendre au public et qu'il ne chantait que pour des salons amis, pour un auditoire d'élite, sans accepter aucune rétribution. On n'oserait même pas lui en proposer une, à moins que ce ne fût pour les pauvres. Il a conservé l'indépendance d'un homme du monde, bien qu'il soit pauvre lui-même. Cela est à sa louange. » Et vous avez ajouté : » J'ai regretté autrefois de ne pas l'avoir connu; mais aujourd'hui j'en suis toute consolée. Malgré tout ce qu'on m'a dit de son originalité, il ne me semble pas qu'il puisse vous être supérieur. »

» Eh bien ! Laure, cet Adriani, c'est moi. Je m'appelle effectivement d'Argères, et je suis d'une famille noble, mais mon nom de baptême est Adrien. Né en Italie, j'ai pu sans déguisement puéril, italianiser ce prénom. Mon père occupait d'assez hauts emplois dans la diplomatie. J'avais été élevé avec soin, j'étais né musicien. Je me suis développé comme voix et comme instinct sous un soleil plus musical que le nôtre. J'ai beaucoup vécu, dans mon adolescence, avec le peuple inspiré du midi de l'Europe et des côtes de la Méditerranée. Tout mon génie consiste à n'avoir pas perdu, dans l'étude technique et dans le commerce d'un monde blasé, le goût du simple et du vrai qui avait charmé mes premières impressions, formé mes premières pensées.

» Orphelin de bonne heure, je me suis trouvé sans direction et sans frein à l'âge des passions. J'avais quelque fortune et beaucoup d'amis, les artistes en ont toujours, car déjà on m'écoutait avec plaisir. Italien autant que Français, jusqu'à l'âge de ma majorité, je ne connus la France que dans le monde des grandes villes d'Italie. Je dissipai mes ressources dans une vie facile, enthousiaste, folle même, au dire de mon conseil de famille, et dans laquelle je ne retrouve pourtant rien qui me fasse rougir. Ruiné, je ne voulus pas vivre de hasards et d'industrie comme tant d'autres; je ne voulus point m'endetter; je résolus de tirer parti de mon talent. Mes grands parents jetèrent les hauts cris et m'offrirent de se cotiser pour me faire une pension. Je refusai : cela me parut un outrage, mais, pour ne pas blesser en face leurs préjugés, je vins en France; je me mis en relation avec des artistes; je chantai dans plusieurs réunions; j'y fus goûté, et je cherchai à me procurer des élèves; mais cette ressource arrivait lentement, et le métier de professeur m'était antipathique. Démontrer le beau, expliquer le vrai dans les arts, c'est possible dans un cours, à force de talent et d'éloquence : mais dépenser toute ma puissance pour des élèves, la plupart inintelligents ou frivoles, je ne puis m'y résigner. Mon temps se laissait absorber, d'ailleurs, par des leçons à quelques jeunes gens bien doués et pauvres qui me dédommageaient intellectuellement de mes fatigues, mais qui ne pouvaient conjurer ma misère.

» La misère, je ne la crains pas extraordinairement; je ne la sens même pas beaucoup quand elle ne se convertit pas en solitude. La solitude me menaçait. Je mis l'amour dans mon grenier. Il me trompa. L'idéal pour moi, c'est de vivre à deux. Il ne se réalisa pas. Je respecte mes souvenirs ; mais le milieu où je pouvais mériter et savourer le bonheur vrai ne se fit pas autour de moi ; et j'avais, d'ailleurs, une soif trop ardente de joies parfaites qui ne sont pas semées en ce monde et qu'on n'y rencontre probablement qu'une fois.

» Je ne brisai rien, j'échappai à tout. Je ressentis et je causai des chagrins dont il ne m'appartenait pas de trouver le remède. La fuite seule pouvait en faire cesser le renouvellement. Je partis. Je voyageai. Le produit fort modeste de quelques publications musicales, qui eurent du succès, me permit de ne rien devoir à la libéralité de mes enthousiastes. Pour un homme qui a quelque talent spécial et point d'ambition, le monde est accessible, et partout je me vis comblé d'égards, ce que je préférai à être comblé d'argent. Je pus consentir à être associé aux plaisirs des riches et des grands de la terre, et je peux dire que je n'y fus pas recherché seulement comme chanteur. On voulut bien me traiter comme un homme quand on me vit conduire en homme. Je ne sache pas avoir eu à payer d'autre écot que celui d'être et de demeurer moi-même. Et, en vérité, je ne comprends guère qu'un artiste qui se respecte ait besoin d'autre chose que d'un habit noir et d'une complète absence de vices et de prétentions pour se trouver à la hauteur de toutes les convenances sociales. Je ne me fais, au reste, qu'un très léger mérite d'avoir su renoncer aux vanités et aux emportements de la jeunesse, dès le jour où la satisfaction de ces appétits violents me fut refusée par la fortune. Je ne devins point un sage : les plaisirs courent assez d'eux-mêmes après celui qui sait en procurer aux autres et qui ne s'en montre pas trop affamé. Mais je corrigeai en moi le travers du désordre, qui est une paresse de l'esprit, et je reconnus que j'avais conquis la liberté du lendemain avec un peu de prévoyance dans le jour présent.

» Enfin je ne souffris pas de jouir du luxe des autres et de me dire que je n'aurais jamais en ma possession que le nécessaire. Ces besoins qu'éprouvent les artistes de devenir ou de paraître grands seigneurs m'ont toujours semblé des faiblesses de parvenus. L'homme qui a possédé par lui-même n'a plus cette fièvre d'éblouir qui dévore les pauvres enrichis. Elevé dans le bien-être, je ne méprisais ni n'enviais des biens dont ma prodigalité avait su faire gaiement le sacrifice à mes plaisirs, mais que je n'aurais pu reconquérir sans faire le sacrifice de ma fierté et de mon indépendance.

» La fortune est quelquefois comme le monde ; elle sourit à ceux qui ne courent point sur ses pas. Un petit héritage très inattendu me permit de revenir à Paris. Je me fis encore entendre, j'eus de grands succès. Le public grossissait dans les réunions d'abord choisies, puis nombreuses et ardentes où je me laissais entraîner. Le public voulut m'avoir à lui. L'Opéra m'offrit et m'offre encore un engagement considérable. Les élèves assiégeaient ma porte. Les concerts me promettaient une riche moisson. J'ai tout refusé, tout quitté pour aller revoir la Suisse, le mois dernier. J'avais placé, de confiance, ma petite fortune chez un ami qui, sans me rien dire, l'avait risquée dans une opération commerciale que je ne connais ni ne comprends, mais qu'il regardait comme certaine. S'il l'eût perdue, je ne l'aurais jamais su ; il me l'eût restituée. Il l'a décuplée. Pendant que je gravissais les glaciers et que mon âme chantait au bruit des cataractes, je devenais riche à mon insu : je le suis! J'ai cinq cent mille francs. Je n'ai pas connu mon bonheur tout de suite. J'ai si peu de désirs dans l'ordre des choses matérielles maintenant, que j'aurais perdu sans effroi cette richesse relative, le lendemain du jour où elle me fut annoncée ; mais aujourd'hui, aujourd'hui, Laure, elle me rend heureux, puisqu'elle me permet de me donner à vous. Je m'appartiens! Où vous voudrez vivre, je peux vivre et vous faire vivre à l'abri des privations. Votre Toinette m'a dit que vous étiez riche, je ne sais ce qu'elle entend par là ; j'ignore si vous l'êtes plus ou moins que moi. Je vous avoue que je ne m'en occupe pas et que cela m'est indifférent. Il est des sentiments qui n'admettent pas ce genre de réflexions. Je vous connais assez pour savoir que si vous m'aimiez assez pour être à moi, vous m'eussiez accepté pauvre comme je vous accepterais riche, sans me préoccuper des soupçons d'un monde auquel ni ma vie ni ma conscience n'appartiennent.

» Si vous chérissez la solitude, nous chercherons la solitude ; nous la trouverons aisément à nous deux ; car, pour une femme, elle n'existe nulle part sans une protection. Vous n'aurez pas à craindre de m'arracher à une vie agitée et brillante. Je suis repu de mouvement, et mon soleil à moi est dans mon âme : c'est mon amour, c'est vous ! D'ailleurs, je n'ai jamais compris cet autre besoin factice que la plupart des artistes éprouvent de se trouver en contact avec la foule. Je ne suis pas de ceux-là. Je ne hais ni ne méprise ce qu'on appelle le public. Le public, c'est une petite députation de l'humanité, en somme, et j'aime, je respecte mes semblables. Mais c'est par mon âme, ce n'est point par mes yeux et par mes oreilles que je suis en rapport avec eux. Si une bonne et belle pensée se produit en moi, je sais qu'elle leur profitera, et je pressens leur sympathie en dehors du temps et de l'espace. La répulsion ou l'engouement du public immédiat peut errer, mais la réflexion des masses redresse l'erreur. Il faut donc contempler le vrai dans l'homme face à face, être pour ainsi dire en tête-à-tête avec l'âme de l'humanité dans les conceptions de l'intelligence et dans les inspirations du cœur. Voilà le respect, voilà l'affection qu'on doit aux hommes, et dans cette notion de leur confraternité avec nous-mêmes, ceux de l'avenir autant que ceux d'aujourd'hui comparaissent pour nous servir de juges, de conseils ou d'amis.

» Mais dans le besoin de les voir sourire, de respirer leur encens, comme dans la crainte poignante de ne pas être compris d'emblée, il y a quelque chose de maladif qui ne tiendrait pas contre une pensée sérieuse, si le talent qui se produit était sérieux et prenait son siége dans la conscience.

» Laure, tu pourras m'aimer, je le sens, je le veux ! Jamais, quand je me suis prosterné en esprit devant Dieu, source du vrai et du bon, pour lui demander de me garder dans ses voies, il ne m'a laissé impuissant à produire des accents vrais, des idées élevées. En ce moment, je lui demande ses dons les plus sublimes, l'amour vrai partagé ; mais je l'implore avec tant de feu et de naïveté qu'il m'exaucera.

» Nous irons où tu voudras ; nous resterons ici, nous parcourrons des pays nouveaux, nous nous cacherons sous terre, nous dépenserons ma petite fortune en un jour, ou nous assurerons par elle l'équilibre à notre avenir. Tu n'as pas de volontés, je le sais. Je veux, j'attends que tu en aies. Je serai bien heureux le jour où je verrai poindre seulement une fantaisie, et je sens que, pour la satisfaire, je transporterai, s'il le faut, des montagnes.

» Laisse-toi aimer, ne me plains pas d'aimer seul. Ne sais-tu pas que c'est déjà du bonheur que tu me donnes en m'élevant à la plénitude de mes propres facultés, en me plaçant au faîte de ma propre énergie ;

» Laisse-toi aimer, ange blessé ! Un jour, je te le jure, tu remercieras Dieu de me l'avoir permis. A toi, à toi malgré toi, et pour toujours !

» ADRIANI. »

JOURNAL DE COMTOIS.

Monsieur est un homme de rien. C'est un artiste ! Je m'en étais toujours douté. J'ai lu par hasard, ce soir, un vieux morceau de journal dont je me sers pour me mettre des papillotes. Il y avait dessus, à la date de janvier dernier :
« Le célèbre chanteur et compositeur Adriani,
» dont le nom véritable est d'Argères, est enfin
» revenu des neiges de la...... et s'est fait en-
» tendre dans les salons de...... où il a ravi
» une foule de...... méthode...... les femmes...... sa
» beauté idéale...... un engagement......
» l'Opéra...... » Le reste des lignes manque ; mais c'est assez clair comme ça ; et me voilà dans une jolie position ! Valet de chambre d'un chanteur, d'un histrion, sans doute ! Je vas écrire à ma femme de me chercher une place. En attendant, j'espère bien qu'il ne me fera pas banqueroute de mon voyage. D'ailleurs, l'intrigant va faire fortune. Il épouse sa folle, puisqu'il en est revenu ce soir passé minuit. Elle le battra, c'est tout ce que je lui souhaite pour m'avoir si bien attrapé.

NARRATION.

D'Argères, ou plutôt Adriani, car c'est sous ce nom que son existence avait pris de l'éclat, dormit mieux qu'il n'avait fait depuis huit jours. Il ferma sa lettre, qu'il voulait envoyer à Laure avant de la revoir, et goûta un repos délicieux, bercé par les riantes fictions de l'espérance. En s'éveillant, il sonna Comtois pour le charger de sa missive. Mais Comtois avait une figure et une attitude si extraordinaires, qu'il hésita à mettre son secret dans les mains d'un être bavard, sot et curieux.

— Voilà monsieur réveillé ! fit Comtois d'un air qu'il croyait être goguenard et qui n'était que stupide. Sans doute monsieur a bien dormi ? Il ne souffre pas du mal de dents, lui ! Ce n'est pas comme moi, qui n'ai pas pu fermer l'œil : ce qui m'a induit à lire de vieux journaux où j'ai trouvé des choses bien drôles !

— Si vous êtes malade, Comtois, allez vous recoucher. Je me passerai de vous.

— J'aimerais mieux que monsieur me donne une petite consultation.

— Pour les dents ? Je ne saurais. Je n'y ai eu mal de ma vie.

— Ah ! c'est que je croyais monsieur médecin ?

Ici Comtois, voulant se livrer à un rire sardonique, fit une grimace si laide qu'Adriani le crut en proie à de violentes souffrances. Il insista pour le renvoyer ; mais Comtois n'en voulut pas démordre, et s'acharna à raser son maître.

— Que monsieur ne craigne rien, lui dit-il en se livrant à cette opération quotidienne où il excellait et dont il tirait une incommensurable vanité. Je raserais, comme on dit, les pieds dans le feu. J'ai la main si légère que, eussé-je des convulsions, par suite de mes dents, vous ne me sentiriez point. Je sais ce qu'on doit de précautions, surtout quand on approche le rasoir d'un gosier comme celui de monsieur. Quant à moi, on pourrait bien me couper le sifflet, l'Opéra n'y perdrait rien ; mais peut-être qu'il y a des mille et des cent dans le gosier de monsieur.

— Le drôle sait qui je suis, pensa Adriani : j'ai bien fait d'écrire. Il faut que je me hâte de courir là-bas, avant qu'il ait eu le temps de bavarder avec Toinette.

Comme il sortait, Adriani vit arriver la chaise de poste du baron de West qui revenait de Vienne, et qui, de loin, lui faisait de grands bras. Désolé de ce contre-temps, il feignit de ne pas le reconnaître et se jeta dans les vignes. A travers les pampres, il vit la voiture qui s'arrêtait, ce qui lui fit craindre que le baron ne courût après lui. Il se glissa le long d'une haie, et se trouva en face de la vachère du Temple, qui prenait le plus court à travers les vignes pour gagner la route.

— Où allez-vous ? lui dit-il.

— Je vas porter une lettre à monsieur d'Argères, répondit-elle. C'est-il vous qui s'appelle comme ça ?

Adriani ouvrit le billet. Il était de la main de Toinette.

« Madame n'a pas bien dormi cette nuit. Elle gardera la chambre ce matin. Elle prie bien monsieur de ne venir qu'après midi. »

— Retournez vite au Temple, dit Adriani, et remettez ceci à madame elle-même aussitôt que vous pourrez entrer chez elle.

Il ajouta un louis à son message pour que Mariotte comprît qu'il y avait profit pour elle à s'en bien acquitter.

Puis il revint sur ses pas en feignant d'apercevoir le baron qui arrivait à lui.

## VIII.

Le baron embrassa cordialement d'Argères ; mais il avait vu l'échange des lettres, il connaissait la figure de la messagère, il remarquait une certaine agitation chez son hôte ; il l'en plaisanté.

— Ah ! tête d'artiste ! lui dit-il en rentrant avec lui au château, vous voilà déjà lancé dans un roman. Laissez donc les enfants seuls ! Vous n'aurez pas plus tôt tourné les talons qu'ils s'envoleront pour le pays de la fantaisie. Moi qui revenais transporté de reconnaissance pour le courage que vous aviez eu de m'attendre dans mon désert !... Ah ! vous avez su déjà peupler la solitude, mon bel ermite ! Eh bien ! c'est beau, cela. Il n'y a qu'une belle femme dans le voisinage, vous la découvrez ; c'est une veuve inconsolable, vous la consolez. Ma foi, vous avez été plus habile ou plus hardi que moi. Je me suis cassé le nez à sa porte. Comment diable vous y êtes vous pris ? On n'a jamais vu de nonne mieux claquemurée, de princesse ou de fée mieux défendue par les esprits invisibles. Ah ! je le devine, votre voix est le cor enchanté qui a terrassé les monstres du désespoir et fait tomber les barrières du souvenir. C'est affaire à vous, mon jeune maître. Je vous en fais d'autant plus mon compliment que c'est un joli parti : vingt et quelques années, pas d'enfants et une fortune de quinze ou vingt mille francs de rente en fonds de terre, ce qui suppose un capital de...

— Elle n'a que cela ? s'écria naïvement Adriani, qui, malgré lui, craignait d'aspirer à une femme assez riche pour s'entendre dire qu'il la recherchait par ambition.

Le baron se méprit sur cette exclamation et répondit en riant :

— Dame ! ce n'est pas le Potose, et je vois que vous avez donné dans les gasconnades de sa vieille suivante, une grande bavarde qui vient souvent ici faire la dame, et qui, humiliée de résider dans le taudis du Temple, vante à tout venant les merveilles du château de Larnac, situé, dit-elle, dans le canton de Vaucluse. Le pays est célèbre, j'en conviens, mais, nous autres habitants du Midi, nous savons bien qu'on y donne le nom de château à de maigres pigeonniers. Sachez cela aussi, mon cher enfant, et ne vous laissez pas éblouir par de beaux yeux baignés de larmes. D'autant plus que, je ne sais pas si c'est vrai, et si vous avez été à même de vous en apercevoir, la châtelaine du Temple passe pour être un peu folle.

— Fort bien, reprit Adriani ; vous croyez que je songe à m'établir selon les habitudes et les calculs de la vie bourgeoise ?

— Mon Dieu, cher ami, pardonnez-moi, dit le baron. Je sais que vous êtes un grand artiste, des plus fiers, incorruptible quand il s'agit de la muse ; mais je suis un peu sceptique, vous savez ! J'ai cinquante ans, et je sais que le lendemain du jour où l'artiste est riche, il est déjà ambitieux. Pourquoi ne le seriez-vous pas ? La fortune n'est qu'un but pour celui qui, comme vous et moi, aspire à de poétiques loisirs.... Vous avez dit tout à l'heure un mot qui m'a frappé, étonné, je l'avoue ; un mot qui jurait dans votre bouche inspirée...

— Oui, j'ai dit, *elle n'a que cela ?* et c'était un cri de joie. Ecoutez-moi, cher baron : j'aime cette femme. Je la vois tous les jours, et comme en gardant le silence, je pourrais la compromettre auprès de vous, puisque vous riez déjà d'une aventure que vous jugez accomplie ou inévitable, je veux tout vous dire, et je jure que ce sera la vérité.

Adriani raconta avec détail, avec fidélité, au baron, tout ce qui s'était passé entre madame de Monteluz et lui durant son absence.

Le baron l'écouta avec intérêt, s'émerveilla de la rapide invasion d'un amour si entier chez un homme qu'il croyait connaître et que jusque-là il n'avait pas connu jusqu'au fond, et finit par conseiller la prudence à son jeune ami. Le baron était un digne homme et un excellent esprit à beaucoup d'égards, mais la poésie de son âme s'était un peu réfugiée dans ses vers, et la vie de province avait grossi à ses yeux l'importance des choses positives. Délicat dans le domaine des arts, mais en proie à des soucis matériels qu'il cachait de son mieux, il avait, malgré son lyrisme et ses enthousiasmes littéraires et musicaux, contracté quelque chose de la sécheresse des vieux garçons.

Adriani souffrait de lui avoir fait sa confidence, mais il ne se le reprocha point. Il s'y était vu forcé pour conserver intacte l'auréole de pureté autour de son idole.

Selon le baron, il n'y avait pas de grande douleur sans un peu d'affectation à la longue. S'il n'osait pas tout à fait dire et penser que madame de Monteluz posait les regrets, il n'en admettait pas moins la probabilité d'un instinct de coquetterie sévèrement drapée dans son deuil. Au fond, il était peut-être un peu piqué de n'avoir pas été reçu et de voir son jeune hôte admis d'emblée. Et puis, il était contrarié de trouver ce dernier préoccupé et absorbé par l'amour, lorsqu'il arrivait chargé d'hémistiches qu'il brûlait naïvement de faire ronfler dans un salon sonore, longtemps veuf d'auditeurs intelligents.

Le baron avait fait des poëmes épiques qui ne l'eussent jamais tiré de l'obscurité s'il ne se fût heureusement avisé de traduire en vers quelques chefs-d'œuvre grecs. Grand helléniste, doué du vers facile et harmonieux, il avait un talent réel pour habiller noblement la pensée d'autrui. Pour son propre compte, il avait peu d'idées, et la forme ne peut couvrir le vide sans cesser d'être forme elle-même. Elle est alors comme un vêtement splendide, flasque et pendant sur un échalas.

Le succès de ses traductions avait presque affligé le baron. Il souriait aux éloges, mais il était humilié intérieurement. Il aspirait toujours à briller par lui-même, et après trente ans de travail assidu et minutieux, il rêvait la gloire et parlait de son avenir littéraire comme un poëte de vingt ans. Après de nombreuses tentatives plus estimables qu'amusantes dans des genres différents, il s'était mis en tête de publier un petit recueil de vers choisis intitulé la *Lyre d'Adriani*. Voici quel était son but. Adriani faisait souvent lui-même ses paroles sur sa musique. Il était grand poëte sans prétendre à l'être. Une idée simple, mais nette, une déduction logique, un langage harmonieux, qui était lui-même un rhythme tout fait pour le chant, c'en était assez, selon lui, pour motiver et porter ses idées musicales. Il avait raison. La musique peut exprimer des idées aussi bien que des sentiments, quoiqu'on en ait dit ; d'autant plus que, pas plus qu'Adriani, nous ne voyons bien la limite où le sentiment devient une idée et où l'idée cesse absolument d'être un sentiment. La rage des distinctions et des classifications a mordu la critique de ce siècle-ci, et nous sommes devenus si savants que nous en sommes bêtes. Mais quand, par le sens éminemment contemplatif qui est en elle, la musique s'élève à des aspirations qui sont véritablement des idées, il faut que l'expression littéraire soit d'autant plus simple, et procède, pour ainsi dire, par la lettre naïve des paraboles. Autrement les mots écrasent l'esprit de la mélodie, et la forme emporte le fond.

En entendant Adriani raisonner sur ce sujet et s'excuser modestement de faire des vers à son propre usage, le baron, qui les trouva trop simples, rêva de lui créer un petit fonds de poésie où il pût puiser ses inspirations musicales.

Ayant vu à Paris le succès d'enthousiasme du jeune artiste, il se dit, avec raison, que sa bouche serait pour lui celle de la renommée, et il revint chez lui se mettre à l'œuvre.

Il fallait donc qu'Adriani subît cette lecture ou plutôt cette déclamation, et quand il vit que son hôte souffrait réellement de sa préoccupation, il s'exécuta et lui demanda communication du manuscrit, en attendant l'heure où il lui serait permis d'aller au Temple.

C'était une grande erreur de la part du baron, que de vouloir infuser son souffle au génie le plus individuel et le plus indépendant qu'il fût possible de rencontrer. Dès les premiers mots, Adriani sentit que son âme serait emprisonnée dans cet état ciselé et diamanté par les mains du baron. Sincère et loyal, il essaya de le lui faire comprendre, tout en lui donnant la part d'éloges qui lui était justement due. L'éternel combat entre le maestro et le poète de livret s'en suivit. Le baron n'admettait pas que la description dût être légèrement esquissée et que la musique dût remplir de sa propre poésie le sujet ainsi indiqué.

— Quand vous me peignez en quatre vers l'alouette s'élevant vers le soleil, à travers les brises embaumées du matin, disait Adriani, vous faites une peinture qui ne laisse rien à l'imagination. Or, la musique, c'est l'imagination même ; c'est elle qui est chargée de transporter le rêve de l'auditeur dans la poésie du matin. Si vous me dites tout bonnement l'*alouette monte*, ou l'*alouette vole*, c'est bien assez pour moi. J'ai bien plus d'images que vous à mon service, puisque, dans une courte phrase, je peux résumer le sentiment infini de ma contemplation.

— A votre dire, s'écria le baron, les sons prouvent plus que les mots ?

— En politique, en rhétorique, en métaphysique, en tout ce qui n'est pas de son domaine, non certes ! mais en musique, oui !

— C'est qu'on n'a pas encore fait de poésie vraiment lyrique dans notre langue, mon cher. Est-ce que les anciens ne chantaient pas des poèmes épiques ? Est-ce que les gondoliers de Venise ne chantent pas l'Arioste et le Tasse ?

— Non pas ! Ils le psalmodient sur un rhythme à la manière des anciens, et c'est un peu comme cela que les faiseurs de romances et de ballades ont rhythmé les vers romantiques de nos jours. Tout le monde peut faire de cette musique-là, tout le monde en fait ; mais ce n'est pas de la musique, je vous le déclare. Paix à la cendre d'Hippolyte Monpou et consorts ! Pierre Dupont fait les choses plus ouvertement ; il arrange son chant pour ses paroles, auxquelles il donne, avec raison, la préférence. Je donnerai de tout mon cœur le pas dans mon estime à vos vers sur ma musique ; mais je ne peux pas faire ma musique pour vos vers. Ils sont trop beaux, si vous voulez, ils sont trop faits. Ils existent trop pour être chantés.

La discussion dura jusqu'au déjeûner et reprit au dessert. Pour en finir, Adriani promit d'essayer ; mais la grande difficulté, c'est que le volume devait porter le titre de *Lyre d'Adriani*, et que le baron eût voulu un engagement sérieux de la part de son hôte. — Vous avez de la gloire, lui disait-il, et je suis votre ancien et fidèle ami. J'ai travaillé longtemps pour obtenir le succès que vous avez conquis en deux mains. Vous reconnaissez que je possède le vocabulaire limpide et harmonieux qui ne s'attache pas au gosier du chanteur comme des arêtes de poisson. Vous m'avez dit cent fois que, sous ce rapport-là, j'étais le plus musical des poètes. Aidez-moi donc à enfourcher mon Pégase et soyez le soleil qui dégourdira ses ailes.

— Oui, pensait Adriani, c'est-à-dire que tu voudrais que nous fussions, moi le cheval, et toi le cavalier.

Le baron avait oublié le rendez-vous que son hôte attendait avec une si vive impatience. Adriani fut forcé de le lui rappeler.

— Ah ! folle jeunesse, dit le baron, allez donc, courez à votre perte, et oubliez la muse pour la femme. C'est dans l'ordre.

Adriani arriva au Temple deux minutes après midi. Il était tourmenté par le billet de Toinette. Il fallait que Mme de Montéluz fût bien souffrante pour garder la chambre, elle si matinale et si active dans sa lenteur inquiète. Peut-être aussi était-ce un symptôme rassurant pour sa guérison morale. Le calme n'est-il pas la santé de l'âme !

Toinette, contre sa coutume, ne vint pas à la rencontre d'Adriani. Le jardin était désert, la maison fermée. Il se hasarda à frapper doucement : rien ne bougea ; Il fit le tour et trouva toutes les portes, toutes les fenêtres closes. Il chercha Mariotte, l'unique habitante des bâtiments extérieurs. Elle battait son beurre avec autant de tranquillité que le premier jour où il lui avait parlé.

— Madame n'est pas levée ? lui dit-il.

— Pas que je sache, répondit-elle.

— Et Toinette ?

— Ma foi, je ne l'ai pas encore vue. Faut qu'elle ait mal dormi, et madame pareillement.

— Vous n'avez donc pas encore pu remettre ma lettre ?

— Non, monsieur ; la voilà avec votre louis d'or, sur le bord de l'auge à ma vache. Prenez-les, puisque vous allez voir madame vous-même, et peut-être avant moi.

Adriani reprit la lettre et laissa le louis.

— Eh bien, et ça ? dit Mariotte.

— C'est pour vous.

— Pour moi ? Tiens ! pourquoi donc ?...

Adriani était déjà sorti du cellier et retournait vers la maison. Tout à coup une idée le frappa. Il revint sur ses pas.

— Mariotte, dit-il à la fille au front bas, qui examinait son louis en riant toute seule et très haut, à quelle heure mademoiselle Muiron vous a-t-elle donc remis cette lettre pour moi ?

— Ma foi, monsieur, elle m'a réveillée au beau milieu de la nuit pour me dire que, sitôt levée, il faudrait vous la porter. Je ne sais pas quelle heure il faisait, mais le jour ne se montrait point du tout.

Adriani fut effrayé de cette circonstance. Ou Laure avait été gravement malade dans la nuit, ou le billet avait été écrit d'avance pour retarder, pour éviter peut-être l'entrevue promise.

Il attendit deux mortelles heures dans l'enclos. Son inquiétude devint de l'épouvante. Il entendit enfin du bruit dans la maison. Il chercha une porte ouverte, et vit Mariotte sur celle de la cuisine. Elle riait encore toute seule.

— Qu'avez-vous à rire ? lui demanda-t-il ; ne craignez-vous pas de réveiller madame ?

— Ah bah ! fit la grosse fille ; je la croyais levée. Est-ce que vous ne l'avez pas encore vue ? Est-ce qu'elle n'est point descendue au jardin ?

— Non, j'en viens. Mais Toinette est debout, sans doute ?

— Je ne sais pas.

— Avec qui parliez-vous donc tout à l'heure ?

— Avec mes louis d'or, monsieur. Dame ! on n'en a pas souvent six dans sa poche. C'est donc le rendez-vous des or ! que je me disais. Madame qui m'en fait donner cinq, cette nuit....

— Elle vous a fait payer vos gages, cette nuit ?

— Oh ! bien plus que mes gages, qui sont de....

— N'importe. Comment vous a-t-on remis cela ? A quelle heure ?

— Quand je vous dis que je n'en sais rien ! Il faisait nuit noire. Mademoiselle Muiron m'a remis sa lettre pour vous et puis elle a mis cet or-là, qui était dans du papier, sur la chaise à côté de mon lit, en me disant : Mariotte, je viens de faire mes comptes. Je vous apporte votre dû et un petit cadeau de madame, parce qu'elle a été contente de vous. Là-dessus, j'ai dit : C'est bien, et je me suis rendormie sur l'autre oreille sans ouvrir le papier.

— Mais c'est un départ ou un testament ! s'écria Adriani, à qui une sueur froide monta au front.

Et il s'élança dans la maison.

— Ah ! mon Dieu, monsieur, vous me faites peur ! dit Mariotte en le suivant. Est-ce que madame se serait fait mourir ?

Adriani parcourut le rez-de-chaussée. Il trouva le salon comme il l'avait laissé la veille. On ne l'avait pas rangé. Le coussin qu'il avait placé lui-même sous les pieds de Laure était toujours auprès du fauteuil, et le fauteuil près de la cheminée, où il avait fait brûler des pommes de pin pour réchauffer l'atmosphère salpêtrée de l'appartement. Le piano était ouvert. Les bougies avaient brûlé jusqu'à la bobèche.

Mariotte avait été frapper à la chambre de Toinette. Personne n'avait répondu. Elle y était entrée. Le lit était défait, les armoires ouvertes et vides. Adriani, à cette nouvelle, envoya Mariotte frapper chez madame de Montelaz. Même silence ; mais Mariotte ne put entrer : on avait emporté la clef de la chambre. Adriani, terrifié, enfonça la porte : même vide, même désertion que chez Toinette.

— Où mettait-on les malles, les cartons de voyage ? dit-il à la servante.

— Là, répondit-elle en entrant dans un cabinet. Ils n'y sont plus ; madame est partie !

Ce mot tomba sur le cœur de l'artiste comme une montagne. Il entendit bourdonner dans ses oreilles comme un beffroi sonnant les funérailles d'un monde écroulé. Il s'assit sur la dernière marche de l'escalier, la tête dans ses mains, tandis que la paysanne insouciante se mettait à balayer philosophiquement les corridors.

# DEUXIÈME PARTIE.

LA MARQUISE.

## IX.

Il nous est bien permis de soulever le voile qui couvrait les sentiments intimes de notre héroïne. Mais, pour les faire bien comprendre, il faut retracer brièvement l'histoire de ces mêmes sentiments avant l'époque où Toinette raconta à d'Argères-Adriani les événements de la vie de sa maîtresse.

Quand nous disons notre héroïne, c'est pour rester classique dans cette très simple histoire; car Laure de Larnac n'était rien moins que ce qu'on entend, en général, par une nature d'héroïne de roman. Elle n'était nullement romanesque, et l'imagination qui jette dans les aventures et dans la vie exceptionnelle n'était pas le moteur de ses volontés et de ses actions.

Elle était cependant poëte, en ce sens qu'elle était toute poésie, et Adriani avait trouvé le vrai mot pour la peindre. Elle avait l'aspect tranquille et puissant d'une muse rêveuse; mais sa rêverie perpétuelle, même dans le temps où elle vivait sans douleur, était une sorte d'extase d'amour, une absorption constante dans la plénitude du cœur. Il est des êtres ainsi faits, des êtres extraordinairement intelligens, qui ne sont intelligens que parce qu'ils sont aimans. Constatons-le, au risque de tomber dans l'esprit critique de notre siècle et de disséquer un peu trop l'être humain: le sentiment et la pensée, l'affection, la raison, l'imagination deviennent une seule et même faculté dans leur action sur une âme saine; mais l'initiative appartient toujours à l'un de ces principes, et, pour parler tout simplement, les plus belles natures, selon nous, sont celles qui commencent par aimer, et qui mettent ensuite leur sagesse et leur poésie d'accord avec leur tendresse.

Laure, intelligente et forte, n'avait pas seulement besoin d'aimer, elle était forcée d'aimer. Enfant, elle avait pleuré sa mère avec un désespoir au-dessus de son âge. L'amitié de son cousin Octave, enfant comme elle, avait été son refuge. Elle l'avait chéri comme si l'esprit de cette mère eût passé en lui. De là une habitude et une nécessité d'aimer Octave qui eurent quelque chose de fatal et auxquelles les forces de la puberté ne changèrent et n'ajoutèrent rien de sensible pour elle-même.

Qu'était-ce qu'Octave? Toinette l'avait dit: un enfant beau et bon, qui aimait autant que cela lui était possible; mais ce possible pouvait-il se comparer à la puissance de Laure? Nullement. La vie physique jouait un rôle trop prononcé dans cette organisation de chasseur antique. La divinité pouvait s'éprendre de lui, il l'admirait sans la comprendre. Il était content d'être saisi et enlevé par elle; mais il restait chasseur. Ce fut la légende d'Adonis que la déesse ravissait la nuit dans ses sanctuaires, mais qui, au lever du jour, retournait aux bêtes des bois: « Et y retourna si bien, comme disent les bonnes gens, qu'il y trouva la mort... »

L'obstination de la préférence dont il fut l'objet s'explique par l'absence. Laure, arrachée à son compagnon d'enfance, en fit un amant dans son âme, dès qu'elle eut compris l'impossibilité sociale de se consacrer à son *frère*, à moins qu'il ne devînt son époux. Elle n'hésita pas un instant, et, jusqu'au jour de l'hyménée, elle ignora que le rôle d'épouse ne fût pas identique à celui de sœur.

Les transports de la passion d'Octave, suivis d'invincibles accablements d'esprit, eussent dû jeter quelque soudaine clarté dans l'esprit de Laure. Elle ferma instinctivement les yeux, et son exquise chasteté ne comprit jamais que l'amour des sens n'est qu'une des faces de l'amour. Elle crut à une inégalité de caractère qu'elle accepta avec son inaltérable douceur, résultat d'un magnifique équilibre dans sa propre organisation. Mais, peu à peu, elle s'effraya mortellement de ces lacunes dans les soins de son mari. Octave était une espèce de sauvage inculte et *incultivable*. Les talents et l'intelligence de sa femme lui inspiraient un respect naïf, une vanité de paysan qui écarquille les yeux en voyant sa petite fille lire et écrire: mais il eût vainement essayé de comprendre et de sentir; il n'essaya point.

Laure n'eut pas le sot amour-propre de s'en trouver blessée. Quand elle le voyait s'endormir auprès de son piano, elle continuait à le contempler et jouait comme sur du velours, ou chantait de la voix d'une mère qui berce son enfant. Si Toinette, qui était imprudemment épilogueuse dans ses jours de gaîté, lui disait: « Hélas! madame, à quoi bon avoir appris tant de belles choses? » elle lui répondait avec un sourire d'ange : « Cela sert peut-être à lui donner de jolis rêves ! » Mais elle voyait bien que l'inaction était le supplice de son jeune mari, et que faute de pouvoir remplir seulement une heure d'une occupation intellectuelle quelconque, il lui fallait remplir toutes ses journées de mouvement et d'émotions physiques.

Soumis et dévoué d'intention, Octave eût sacrifié ses goûts à la société de sa femme. Il le tenta même dans les premiers jours de leur union, en la voyant étonnée jusqu'à la stupéfaction devant le besoin qu'il éprouvait de la quitter ; mais ce changement d'habitudes le rendait malade. Il devenait bleu quand il n'était pas au grand air, et il n'y en avait pas assez, même dans un jardin, pour nourrir ses vastes poumons. Il lui fallait le vent de la course et le sommet des montagnes.

Le jour où, en le voyant partir aux premiers rayons du soleil, elle lui dit, le cœur serré :

— Je ne te reverrai donc pas avant la nuit ?

Il s'étonna de lui-même, et lui répondit :

C'est vrai, au fait ! Viens avec moi. Nous ne nous quitterons pas.

Pendant une semaine, Laure essaya de le suivre à cheval ; mais elle reconnut bientôt que, même en ne lui imposant pas la chasse tranquille, même en supportant de la fatigue et affrontant des dangers, elle le gênait sans qu'il s'en rendît compte. Le vrai chasseur aime à être seul. Ses plus doux moments sont ceux où il quitte ses compagnons et savoure ses périls, ses découvertes, ses ruses, son obstination, son adresse, sans en partager l'émotion. Le chasseur le plus positif goûte un charme particulier dans le mystère des bois, dans l'indépendance absolue de ses mouvemens, de ses fantaisies, de ses haltes. C'est son art, c'est sa poésie, à lui.

Laure comprit cela et ne le suivit plus. Octave, que les cris étouffés de sa femme retenaient au bord des abîmes, se sentit soulagé d'un grand poids quand il put s'abandonner de nouveau à sa force, à son adresse et à sa témérité peu communes. Laure ne songea pas seulement à lui adresser un reproche : pourvu qu'il fût heureux, elle ne s'inquiétait pas d'elle-même ; mais elle sentit involontairement l'ennui et la tristesse de l'abandon. Elle combattit cette langueur. Elle cultiva ses talents, elle s'adonna aux soins de l'intérieur, elle s'initia même à ses affaires qu'Octave n'eût jamais su gouverner. Elle remplit ses journées d'une activité qui eût préservé de la réflexion une tête plus vive, mais qui ne put remplir le vide de son cœur. Il lui eût fallu la présence assidue de l'être aimé. Elle avait passé avec courage loin de lui les années de l'adolescence, aspirant avec une foi naïve à l'avenir qui la réunirait à lui sans distraction, sans partage, sans défaillance de bonheur. Elle avait quitté Paris et le monde avec joie, à l'idée de l'absorber dans le calme des félicités infinies : elle se trouvait vivre en tête-à-tête avec une belle-mère qui l'estimait sans la comprendre et qui l'honorait sans l'aimer. Madame de Monteluz, la mère, était un de ces êtres froids, convenables, honnêtes, qui, par esprit de justice, ne veulent pas troubler violemment le bonheur des autres, mais qui, par insensibilité de caractère, ne peuvent ni l'augmenter, ni en adoucir la perte.

Laure était donc accablée d'un malaise moral dont elle ne se rendait pas bien compte à elle-même. Octave ne s'en doutait seulement pas. Il trouvait cette façon de vivre toute naturelle. Il avait été élevé par sa mère dans l'idée que les hommes ne doivent pas encombrer la maison et que les femmes aiment à se livrer aux soins domestiques sans subir le contrôle de ces désœuvrés. Il faisait comme avait fait son père ; il vivait dehors pour ne pas gêner les femmes, et il ne pouvait se défendre de les trouver gênantes à la promenade. Quand il ne chassait pas avec la rage d'un Indien, il pêchait avec la patience d'un Chinois. Il avait des chevaux à dresser, à panser, à contempler, de grands abattis d'arbres à surveiller, opérations dont le bruit et le désordre étaient pour lui un spectacle et une musique en harmonie avec la rudesse de ses organes. Au retour de ces agitations, il adorait sa femme ; mais il n'avait pas une idée à échanger avec elle. Il fallait manger et dormir, deux grandes opérations dans l'existence d'un homme si robuste. Les courts élans de sa passion, qui était pourtant réelle, ne se traduisaient par aucune délicatesse. C'était de la passion physique dans l'amitié. La tendresse et l'enthousiasme lui étaient également inconnus.

Ces deux époux ne vécurent pas longtemps ensemble pour que la femme arrivât à se dire qu'elle était malheureuse. Peut-être ne se le fût-elle jamais dit : sa puissance d'abnégation, son instinct de fidélité lui eussent fait accepter l'éternel veuvage d'un époux vivant. Quand ce deuil devint celui d'un mort, elle ne se souvint pas de déceptions qu'elle ne s'était point encore avouées ; mais un fait subsista dans son passé :

c'est qu'elle n'avait connu ni l'amour ni le bonheur, et qu'elle pleura naïvement des biens qu'elle n'avait jamais possédés.

L'amour d'Adriani lui apportait donc tout un monde de révélations qu'elle n'avait pas pressenties. Par lui, elle pouvait être initiée à sa propre énergie qu'elle ignorait, et qui avait toujours été refoulée en elle par la crainte de faire souffrir Octave. Quand Octave l'avait vue triste, il s'était affecté et effrayé jusqu'à en avoir des attaques de nerfs, mais sans comprendre comment il avait pu être la cause de sa tristesse. C'est Laure qui avait dû le rassurer, le consoler, l'égayer et le presser de retourner à ses forêts et à ses étangs.

Adriani ne s'était pas senti inquiet du passé de Laure. Quelques mots échappés à Toinette avaient suffi pour lui ôter tout sentiment de jalousie à propos de l'époux regretté. Il comprenait fort bien qu'il ne lui serait pas difficile d'aimer mieux et de donner plus de bonheur; mais il fallait que Laure consentît à le mettre à l'épreuve, et là se rencontra une résistance qu'il n'avait pas prévue si énergique dans une âme si éprouvée et si fatiguée.

Nous croyons pouvoir affirmer cependant que ce désespoir de veuve, si réel et si profond que, par moments, il avait engourdi et menacé de détruire chez Laure la raison ou la vie, ne prenait pas sa source dans un regret des jours de son mariage. Ce qu'elle croyait regretter, c'était bien le beau et le bon jeune homme à qui elle s'était dévouée; mais ce qu'elle regrettait effectivement, c'était le temps de ses propres aspirations, de ses propres illusions. En perdant cet époux, elle avait vu disparaître le but de quinze années d'existence; car, dès la première enfance, elle s'était consacrée à lui; elle avait été séparée de lui ensuite pendant huit années (de douze à vingt ans); c'était donc toute une vie qu'elle avait vécu pour rien, et le coup qui l'accablait au début d'une vie nouvelle lui fit croire qu'elle ne s'en relèverait jamais. Elle se crut morte avec Octave, elle désira mourir pour le rejoindre; elle regretta de ne pas succomber à son épouvante devant l'avenir.

L'espérance est une loi de la vie, surtout dans la jeunesse. La perdre, c'est un état violent qui ne peut se prolonger sans amener la destruction de l'être ainsi privé du souffle régénérateur. C'était toute la maladie de Laure mais elle était grave.

La nature luttait pourtant, et l'amour inassouvi, l'amour latent, sans but connu, sans désir formulé, couvait sous la cendre. Laure en était arrivée au point de redouter sa propre douleur et de désirer s'y soustraire; mais elle croyait trouver le remède dans l'oubli; elle ne voulait pas croire et elle ne savait pas, inexpérimentée et candide qu'elle était, que l'amour est le seul bien qui remplace l'amour.

Elle s'efforçait donc d'anéantir en elle même le sentiment de l'existence réelle, et de se perdre dans le rêve de l'inconnu. Elle regardait les nuages et les étoiles, plongée dans des aspirations religieuses et métaphysiques qui la soutinrent pendant quelque temps; mais l'âme humaine ne peut suivre impunément ces routes sans limites et sans issue. Le catholicisme a écrit le mot *mystère* au fronton de son temple, sachant bien que pour croire il ne faut pas trop chercher. Le ciel ne se révèle pas. Il s'entr'ouvre à l'espérance, à l'enthousiasme, à la science, et se referme aussitôt ou se peuple, à nos yeux éblouis et trompés, de fantaisies délirantes. Laure sentit que ces hallucinations la menaçaient. Epouvantée, elle en détourna ses regards et retomba brisée sur la terre, convaincue qu'elle ne pouvait embrasser l'infini, et que son organisation positive dans l'affection (c'est-à-dire essentiellement humaine et par là excellente) s'y refusait plus que tout autre.

Elle en était là quand elle vit Adriani. Son premier pas vers lui fut une attention plus marquée qu'elle n'avait encore pu en accorder à aucun homme depuis son malheur; le second pas fut l'admiration envers une belle nature qui se révélait dans un talent sympathique; le troisième fut la reconnaissance. Mais quand elle vit l'amour face à face, elle en eut peur comme d'un spectre, et pendant que l'artiste lui écrivait une lettre qu'elle ne devait pas recevoir, elle lui écrivait celle qui suit:

« Noble cœur, adieu! Soyez béni. Je pars! Il faut que je vous quitte. J'ai trop peur de prendre les consolations que je recevrais de vous pour celles que je vous donnerais. J'aurais encore bien des choses à vous dire de moi, ami! Pourquoi ne vous les ai-je pas dites tout à l'heure quand vous étiez là? Pourquoi ne sont-elles pas venues? Voilà qu'elles m'apparaissent comme des lumières vives. C'est sans doute l'orgueil qui agissait en moi et m'empêchait de m'accuser tout à fait devant vous! Oui, voilà le danger de ma situation; c'est de me laisser enivrer par le sentiment que vous m'exprimez, au point d'en être vaine et de vous cacher combien je le mérite peu. Eh bien ! il faut que je me punisse du passé et du présent, il faut que je vous dise tout.

» Vous m'aimez sans me connaître. Ce ne peut pas être ma personne qui vous a charmé : vous avez pu aspirer sans doute aux plus belles, aux plus aimables femmes de l'univers, et je ne suis plus que le fantôme d'un être déjà très ordinaire. Je n'ai eu qu'un motif d'estime envers moi-même : je me croyais capable d'un grand, d'un éternel amour. Là était mon erreur, là est aussi la vôtre. Vous vénérez en moi l'ombre d'une puissance qui n'exista jamais. J'ai été au-dessous de mon ambition, au dessous de ma tâche. Ami, plaignez-moi, et ne m'admirez plus, vous qui m'admiriez pour avoir su aimer ! Je ne l'ai pas su, j'ai mal aimé !

» Oui, voilà mon histoire en deux mots. Je n'ai pas été pour l'homme qui m'avait remis le soin de son bonheur, la sainte, l'ange que je me flattais d'être. Je n'ai pas su l'absorber en moi, parce que j'ai trop souhaité de l'absorber. Ce n'est pas ainsi qu'on doit aimer ; vous me le prouvez bien, vous qui ne me demandez rien que de me laisser chérir ! Moi, j'aurais voulu qu'il m'aimât au point de s'ennuyer loin de moi. Ses distractions, ses amusements n'étaient pas les miens. Si je l'avais osé, j'aurais haï ses plaisirs que je ne partageais pas. Je ne le lui ai jamais dit, je ne l'ai jamais dit à personne ; mais où est le mérite du silence ? La soumission n'est là qu'un calcul d'intérêt personnel, qui consent à souffrir beaucoup pour ne pas risquer de souffrir davantage. J'aurais craint que la plainte n'éloignât tout à fait de moi celui que mon égoïsme eût voulu détacher de lui-même et anéantir à mon profit. Mon cœur était lâche, il était mécontent, c'est-à-dire coupable. La docilité extérieure n'est qu'un masque transparent : on n'est pas habile, on n'est pas fort quand on n'est pas sincère. Faute de pouvoir ou de savoir accepter les goûts d'Octave, je lui en gâtais la jouissance par une tristesse mal déguisée parce qu'elle était mal combattue et jamais vaincue. Deux ou trois fois, j'ai inquiété son repos, effrayé la conscience de son affection, et fait couler ses larmes. Trois fois ! oui, en six mois d'union qui nous étaient comptés et dont j'aurais dû lui faire un siècle, une éternité de joie sans mélange. Je l'ai troublé et affligé trois fois ! Et le jour même... Il faut que j'aie le courage de remuer ces souvenirs affreux, vous m'y forcez !

» Le jour même qui devait nous séparer pour jamais, je le vis quitter mes côtés et s'habiller pour sortir, sans avoir la force de lui dire un mot. Il faisait un temps affreux. J'étais sottement offensée de ce qu'il affrontait les rigueurs de l'hiver pour un but qui n'était pas moi. J'ai pris ensuite le chagrin violent que j'avais ressenti dans ce moment là pour un pressentiment. C'en était un peut-être ! C'est une dernière faveur du ciel, une dernière bonté de Dieu envers nous, ces mystérieux avertissements qu'il nous donne ! Nous devrions les deviner et les suivre ! Je ne puis démêler ce qui se passait en moi. Je n'eusse rien empêché, je ne savais pas combattre les désirs d'Octave ; mais, au moins, je l'eusse embrassé une dernière fois ; il fût parti avec la conscience de mon amour.

» Je restai immobile, absorbé dans mon égoïste effroi de l'abandon. Il se pencha vers moi pour m'embrasser : je fermai les yeux pour retenir mes larmes, je feignis de dormir ; je ne lui rendis pas sa dernière caresse. On me l'a rapporté sanglant et déchiré, mort ! mort sans que je lui aie donné seulement l'adieu de chaque matin ! mort sans que j'aie pu lui pardonner le soir, dans un sourire, les angoisses journalières de mon faible cœur ! Mort le jour même où, pour la première fois, mon âme jalouse exhalait ce cri impie : Il ne m'aime pas ! Ah ! c'est là ce qui l'a tué ! Le doute est une malédiction, et la malédiction de l'amour ouvre l'abîme des fatales destinées.

» L'infortuné ! Ce n'était pas lui qui n'aimait pas, puisque sa confiance était si tranquille. C'est moi, je vous l'ai dit, je vous le répète, qui ai mal aimé !

» Vous le voyez, ma vie est un remords plus encore qu'un regret, et j'ai si mal profité de mon bonheur, je l'ai tellement empoisonné par mes muettes exigences, que ce n'est pas le passé que je pleure, c'est l'avenir, que j'aurais pu consacrer à la tranquille félicité d'Octave, et dont je lui avais déjà gâté les prémices.

» Je ne mérite donc pas d'être consolée : je ne le serais peut-être pas. Je subis, dans l'horreur de ma solitude, une expiation inévitable. Elle n'a pas duré assez longtemps ; je ne suis point encore pardonnée, puisque le bienfait de l'amour qui s'offre à moi, au lieu de me faire tressaillir de joie, me fait reculer d'épouvante.

» Dans la première jeunesse, on croit pouvoir donner autant qu'on reçoit ; on ne s'inquiète pas du peu que l'on est et du peu que l'on vaut.

Quand on est vieilli et flétri comme moi par un châtiment céleste, on frémit à l'idée de faire souffrir ce qu'on a souffert. Plus grand et meilleur que moi, vous souffririez encore davantage. Plus attentif et plus réfléchi qu'Octave, vous vous désabuseriez de moi, et, enchaîné peut-être par la générosité, par le respect de vous-même, vous seriez le plus à plaindre de nous deux.

» Tenez, le divin amour n'est fait que pour les belles âmes. La mienne n'est pas un sanctuaire digne de le recevoir. Adieu, adieu ! ne voyez dans ma fuite qu'un hommage rendu à la grandeur de votre caractère et à la noblesse de votre affection. » LAURE. »

Le vieux paysan qui combattait faiblement les envahissements de l'ortie et du liseron dans le jardin du Temple, remit cette lettre à Adriani au moment où il se levait, désespéré, pour fuir à jamais la maison abandonnée. Avant de lire, Adriani interrogea le bonhomme ; le message lui avait été remis, sans aucune explication, par madame de Monteluz elle-même, au moment où elle l'avait renvoyé du plus prochain relai de poste. C'est lui qui l'y avait menée, ainsi que Toinette, avec ses mulets. Il avait été appelé vers deux heures du matin par Toinette elle-même, sa chaumière étant à une très petite distance du Temple. Il avait trouvé les malles faites, il les avait chargées sur la calèche, et n'avait vu madame de Monteluz qu'au moment où elle y montait, et à celui où elle en était descendue. Tout cela s'était passé sans que le rude sommeil de Marlotte en fût troublé. Toinette avait chargé ce paysan de garder la maison. Un arrangement antérieur avait confié à son fils la régie du petit domaine. On ne savait pas quand on reviendrait, on ne savait pas encore où l'on allait directement. Cela dépendrait des lettres d'affaires que madame recevrait à Tournon. On descendrait peut-être le Rhône en bateau, on remonterait peut-être par la route de Lyon. Bref, cet homme ne savait rien, sinon, comme Marlotte, que *madame était partie*. Il la regrettait ; il disait que la bonne jeune dame était bien un peu détraquée dans ses esprits, mais que jamais maîtresse plus douce et plus généreuse n'avait parlé au pauvre monde. Ce fut comme une oraison funèbre, car il ajouta : Je crois bien que nous ne la reverrons plus et qu'elle n'est pas pour faire de vieux os. Elle a trop de mal dans son idée !

Adriani retourna au petit salon. Il se jeta sur le fauteuil où Laure s'était assise la veille et dévora sa lettre. Il la commença avec abattement ; il la termina en la baisant avec transport. Quel plus doux aveu pouvait-il recevoir que cette confession ? De quel plus grand charme Laure pouvait-elle se revêtir à ses yeux que de lui avouer, dans son repentir naïf, et sans savoir ce qu'elle avouait, que sa conscience plus que son cœur était fidèle à la mémoire d'Octave, et que ce cœur était vierge d'un amour partagé, par conséquent d'un amour complet ? Adriani avait déjà pressenti qu'il n'avait pas à lutter contre un mort. Il ne se trompa pas sur la véritable portée de cette lettre ingénue. Il reconnut que l'urne pouvait être couronnée de fleurs et inaugurée par lui, sans amertume, au seuil de son avenir. Laure perdrait ses remords et se relèverait vis-à-vis d'elle-même le jour où elle saurait ce que c'est que le véritable amour, et combien peu elle avait offensé Dieu en le rêvant sur le cœur impuissant d'Octave.

«Ainsi, en croyant décourager Adriani et l'éloigner d'elle, Laure avait resserré le lien qu'elle voulait rompre. L'extrême candeur agit souvent comme ferait l'extrême habileté. Elle obéit à la loi du vrai d'une manière toute fatale. Si la ruse prend le masque de la loyauté, c'est parce qu'elle sait bien que la loyauté est le seul pouvoir infaillible sur les bons esprits.

X.

Adriani fut dérangé dans de douces méditations par le vieux paysan qui venait emballer le piano.

— Où vous a-t-on dit de l'envoyer ? lui demanda-t-il.

— Nulle part, monsieur. On m'a commandé de ne pas le laisser à l'humidité, de le mettre tout de suite dans sa caisse et de le tenir tout prêt, parce qu'on le ferait réclamer bientôt. Il paraît que madame y tient beaucoup, car elle m'a recommandé cela elle-même.

Adriani prit une prompte résolution. Où elle va, je le saurai, se dit-il ; où elle sera, je la rejoindrai.

Il savait l'heure et le lieu du premier départ en poste. C'en était assez. Il retourna à Mauzères, embrassa le baron, lui emprunta un cabriolet et partit avec Comtois.

Au relais, il apprit que les deux voyageuses avaient pris en effet la route de Tournon. Il commanda des chevaux de poste et arriva au bord du Rhône avant la nuit. Là, il eut une inspiration. Toinette devait lui avoir écrit ; elle devait avoir prévu son anxiété et ses poursuites. Ou elle les seconderait, ou elle s'efforcerait de l'en décourager ; mais elle n'était pas femme à rester oisive au milieu d'une telle aventure.

Il courut au bureau de la poste, exhiba son passeport et retira une lettre à son adresse :

« Monsieur, disait Toinette, madame l'a voulu. C'est bien malgré moi ! Mais aussi pourquoi n'avez-vous pas daigné me dire si votre fortune répond à vos manières et si le nom que vous portez est le vôtre ? J'ai eu peur d'avoir été trop loin, et je me suis trouvée sans défense quand madame m'a dit : « Partons, je le veux ! » Quelle est son idée ? Croiriez-vous que je n'en sais rien ? Jamais je ne l'ai vue comme elle est. C'est une volonté, une activité qui sentent la fièvre. Je ne la reconnais plus. Je vous écris du bateau à vapeur où nous sommes déjà embarquées, attendant la cloche du départ. Tout ce que je sais, c'est que nous descendons jusqu'à Avignon. Il me paraît bien impossible que nous n'allions pas au moins saluer madame la marquise au château de Larnac. Vous trouverez une autre lettre de moi bureau restant, comme celle-ci, à Avignon.

« Tournon, 7 heures du matin. »

Adriani descendit le Rhône et trouva un autre bulletin de Toinette qui lui annonçait qu'on se rendait effectivement au château de Larnac, où, depuis le mariage de son fils, la marquise de Monteluz avait, à la prière de Laure, établi sa résidence.

« Je ne pense pas que nous y fassions un long séjour, disait Toinette. Ne venez donc pas nous y rejoindre, monsieur. Je vous en ai assez dit sur le caractère et les idées de madame la marquise pour que vous compreniez qu'une imprudence pourrait nous amener des peines. Si vous voulez écrire, envoyez-moi vos lettres. »

Suivait l'adresse détaillée.

Adriani ne tint pas compte des terreurs de Toinette. Il continua sa route et alla s'installer au village de Vaucluse, à une lieue de Larnac, fort décidé à affronter la belle-mère et toute la famille plutôt que de renoncer à ses espérances. Il avait le meilleur prétexte du monde pour se trouver dans un lieu qui attire tous les voyageurs par la beauté des sites environnans, le voisinage de la célèbre fontaine et les souvenirs du grand poète.

Il apprit bientôt que la jeune marquise de Monteluz était de retour dans son château. Mieux connue dans ce pays que dans le Vivarais, elle n'y passait pas pour folle le moins du monde. Tout le monde respectait son deuil et plaignait son infortune. Adriani fut condamné à entendre de la bouche de son hôte qu'il avait questionné avec précaution, le récit épique de la mort du jeune marquis, et à feindre de l'écouter comme une chose nouvelle. Il en fut dédommagé par les grands éloges qu'on donnait à la beauté de celle qu'on appelait la *Nouvelle Laure de Vaucluse*. On parlait aussi de sa bonté, de sa grâce et de ses talens.

Après avoir entendu ainsi, en déjeunant, la causerie de son hôte, Adriani, arrivé depuis une heure et incapable de goûter un moment de repos avant d'avoir atteint le but de sa course, se disposa à sortir, en disant à Comtois de ne pas l'attendre et de ne pas s'inquiéter de lui.

— Eh quoi, monsieur, s'écria Comtois effaré, vous ne dormirez pas un instant ?

— Libre à vous de dormir toute la journée, mon cher Comtois.

— Mais c'est que monsieur me laisse là dans un pays affreux, où je ne connais pas une âme... Et si monsieur ne revenait pas ?

— Je compte revenir, Comtois, et je n'entreprends rien de tragique. Est-ce que j'ai l'air d'un homme qui va se noyer.

— Non, monsieur... mais enfin... si monsieur prenait fantaisie d'aller plus loin sans moi...

— Vous m'êtes donc bien attaché, monsieur, dit Adriani d'un air moqueur.

— Ce n'est pas pour ça, répondit Comtois piqué : mais on est toujours inquiet quand on ne voit pas devant soi. Avec monsieur on marche toujours *dans les ténèbres*.

— Ténèbres ! dit Adriani en partant d'un éclat de rire qui acheva de mortifier Comtois. Il fait le plus beau soleil du monde, mon cher !

— N'importe, reprit Comtois irrité. Je ne connaissais pas monsieur pour un artiste ; je suis entré à son service de confiance, et je voudrais que monsieur prît la peine de me rassurer et de me congédier.

— Fort bien ! Vous dédaignez les arts ! dit Adriani, que les angoisses de son valet de chambre commençaient à divertir, et qui, en achevant de s'habiller, n'était pas fâché de lui rendre ses mépris en taquineries inquiétantes ; c'est mal à vous, monsieur Comtois. Entre gens de rien, comme vous et moi, on devrait se soutenir au lieu de se soupçonner.

— Aurait-il vu mon journal ? pensa Comtois. Il sentit l'ironie et baissa le ton. Mon Dieu, monsieur, je ne prétends pas que monsieur...

— Si fait, vous pensez que je vous ai amené au bout de la France et que je vais vous y oublier. Les artistes sont tous fous, égoïstes, indélicats. Dame ! vous les connaissez bien, je le vois, et il n'y a pas moyen de vous en faire accroire !

— Monsieur plaisante ! dit Comtois épouvanté. Et, se croyant aux prises avec un aventurier qui levait le masque, il supputait des frais de séjour illimité à Vaucluse, dans une vaine attente de son retour et des frais de route pour retourner seul à Paris.

Adriani prit son chapeau et se dirigea vers la porte sans autre explication. Comtois pâlit. Son maître avait laissé presque tous ses effets à Mauzères. Pressé de partir, il n'avait emporté qu'une légère valise et un nécessaire de voyage fort simple. Il n'y avait pas là de quoi indemniser Comtois.

Adriani attendait qu'il lui adressât quelque impertinence afin de savoir à quoi s'en tenir sur son caractère, mais Comtois n'avait pas d'autre vice que la sottise. Esclave du devoir, il se sentait condamné à la confiance par celle que son maître lui avait témoignée en mille occasions. Adriani sourit en voyant l'anxiété de cet homme refoulée par le respect humain.

A propos, dit-il en revenant sur ses pas comme frappé d'un souvenir. J'ai mis mon portefeuille dans ce tiroir. Prenez-le sur vous, Comtois ; bien que les gens de cet auberge aient l'air honnête, ce sera encore plus sûr.

Il lui donna la clef du tiroir et sortit.

Comtois ouvrit précipitamment le portefeuille et vit qu'il contenait une dizaine de mille francs en billets de banque. Le calme se fit dans son âme, l'appétit lui revint. Il acheva tranquillement le déjeuner de son maître, et savoura les excellentes truites de la Sorgue accommodées avec une véritable *maestria* par l'hôte de l'*Hôtel de Pétrarque*. Il rangea tout ensuite avec les plus grands égards pour la chambre de son maître, nettoya son encrier de voyage et s'en servit pour consigner dans son journal les réflexions suivantes :

Bourgade de Vaucluse, 1er Septembre 18...

Monsieur n'est qu'un artiste, c'est la vérité ; mais, malgré ça, c'est un très galant homme, qui montre aux gens, dans l'occasion, le cas qu'il fait de leur probité. Monsieur est aussi un homme fort aimable. Il a causé avec moi, ce matin, pour la première fois et m'a mis à même de voir qu'il n'était pas sans esprit et sans éducation.

Après quoi, Comtois alla voir la grotte et le lac souterrain de Vaucluse, ce qui lui fournit matière à une lettre descriptive adressée à son *épouse* et qui commençait ainsi : « Rien de plus étonné que moi à la vue de cette eau chantée par monsieur Pétrarque !... etc. » Constatons un fait, avant de laisser M. Comtois à ses élucubrations : c'est qu'il avait pour sa femme une affection protectrice. Il avouait volontiers à ses amis qu'il avait fait un *mariage de garnison*, car elle était simple cuisinière et ne mettait pas un mot d'orthographe ; mais elle avait de l'esprit naturel, disait-il, et devinait des choses au-dessus de sa portée. Voilà pourquoi il n'était pas fâché de l'éblouir, dans l'occasion, par une supériorité incontestable.

Adriani avait pourtant passé devant la source sans lui accorder un regard. Il avait traversé les montagnes environnantes, se dirigeant à vol d'oiseau vers le village de Gordes qu'on lui avait indiqué comme voisin de Larnac. Il arrivait au milieu du jour, insensible à la fatigue et à une chaleur accablante, au terme de sa course.

Là seulement il put songer à admirer le pays, qui était superbe, et des vallées fertiles, protégées de montagnes d'un assez beau caractère. Larnac était un vieux manoir d'un aspect imposant par sa situation, d'une importance médiocre cependant, mais rendu confortable par la longue résidence d'une famille aisée et les soins que la belle-mère de Laure y avait donnés durant la tutelle de cette dernière. Dans les premiers jours de son ménage, Laure elle-même avait rempli sa demeure d'une certaine élégance, sans luxe déplacé. Elle eût voulu faire aimer cet intérieur à son jeune mari. Depuis la mort d'Octave, Laure ne s'était plus souciée ni occupée de rien ; mais la marquise avait entretenu toutes choses avec ponctualité.

Le mot de ponctualité est celui qui convient le mieux pour résumer le caractère et l'existence entière de cette femme que son entourage distinguait de Laure en l'appelant la *marquise* tandis que Laure, marquise aussi, mais tenue, dans une sorte d'infériorité de convenance, était désignée sous le nom de *madame Octave*

Nous suivrons cette donnée quant à la belle-mère, pour éviter toute confusion.

Son *nom de fille*, comme on dit encore dans les anciennes familles, était Andrée d'Oppédète. Elle avait été fort belle, mais froide, sans charme et sans grâce. Elevée dans un couvent d'Avignon, produite ensuite dans le monde d'Avignon, de Marseille, de Nimes et d'Usez, mariée à un gentilhomme sans avoir, mais dont les ancêtres avait fourni des viguiers à toutes les vigueries de la Provence ; épouse sans amour, mère sans faiblesse, femme sans reproche, elle avait mené, sous le plus beau soleil du monde, une vie glacée par les préjugés aristocratiques et religieux, si obstinés dans le midi de la France. Ces préjugés n'étaient pas chez elle à l'état violent. Toute violence lui était inconnue. Ils étaient à l'état de foi inébranlable, béate, indestructible. Vue d'un seul côté, c'était une très respectable nature, rigide sur tous les points d'honneur, désintéressée, libérale autant que le lui permettaient ses idées d'ordre et la médiocrité de sa fortune ; indulgente autant que peut l'être une femme qui par l'ordre, du confesseur, subit sans amour la loi du mariage.

Longtemps, la belle Andrée brilla dans le monde provençal comme un meuble d'apparat qui ornait les fêtes sans les égayer. Sans sortir de sa famille, qui se ramifiait par ses alliances à une population entière de cousines, d'oncles, de germains et issus de germains, elle se trouvait très répandue. Les devoirs de famille lui créèrent donc des habitudes de représentation et d'hospitalité, et quand elle avait dit *le monde*, objet de son respect ou de ses égards, elle croyait parler de l'univers et ne se doutait pas que l'opinion pût dicter ses arrêts ailleurs que dans le petit groupe que formaient, en somme, ses grandes relations au sein d'une petite caste.

Le récit de Toinette, relativement à la longue opposition de la marquise au mariage d'Octave avec sa pupille, était parfaitement véridique. Cette mère rigide, cette fière patricienne pauvre, eût laissé mourir d'amour et de douleur son fils et sa nièce plutôt que de se laisser soupçonner de calcul et de captation. Elle ne céda qu'en voyant Laure toucher à sa majorité sans varier dans sa préférence ; mais en cédant, elle se garda bien de témoigner aucune joie d'un mariage qui redorait un peu le blason de sa famille. Elle ne ressentit même aucune admiration pour la constance et la générosité de sa pupille. Elle les regarda comme des choses toutes simples, à la hauteur desquelles sa fierté, à défaut de sa sensibilité, l'eût placée, et elle se contenta de dire : C'est bien, je me rends !

La mort tragique de son fils n'entama point ce mâle courage. Elle avait sans doute des entrailles maternelles, et elle en ressentit le déchirement ; mais la première consternation passée, on ne s'aperçut de sa douleur qu'à la disparition complète du pâle et rare sourire qui effleurait parfois jadis ses traits austères. Quelques fils argentés se mêlèrent à ses cheveux, jusque-là noirs comme l'ébène. On jugea qu'elle avait mortellement souffert sous son air résigné. C'est possible, c'est probable ; mais ce ne fut pas seulement la piété qui triompha de ses regrets, ce fut l'orgueil et même la vanité. Il n'est point de femme belle sans complaisance secrète pour elle-même. Faute de charme, la belle Andrée n'avait jamais plu à personne. Elle le savait, elle l'avait senti. Elle savait aussi qu'elle ne pouvait briller ni par l'esprit, ni par l'instruction. Elle s'enveloppa dans sa fermeté de caractère, qu'en plus d'une occasion on avait remarquée et que son mari vantait pour avoir quelque chose à vanter dans son intérieur. Elle s'y enferma si bien que nulle matrone romaine n'y eût mis plus de pompe et de solennité.

Au moment où Adriani approchait du château, Laure et sa belle-mère, assises dans un assez beau salon, qui passait pour somptueux dans un pays où le luxe a fort peu pénétré, causaient ensemble pour la première fois depuis bien longtemps. Laure, involontairement mais profondément froissée par le stoïcisme intolérant de la marquise, s'était presque toujours renfermée dans un silence respectueux, se disant avec raison, qu'une personne dont toute l'action morale se bornait à la *science des égards* n'avait pas droit à autre chose qu'à des égards. Arrivée la veille et très fatiguée, Laure s'était levée tard et commençaient avec la marquise un entretien qui ne pouvait être un épanchement et qui prenait le caractère d'une explication.

— Eh bien ! ma fille, dit la marquise, dont la voix inflexible ne savait mettre aucune douceur dans ce parler maternel, vous êtes reposée, vous pouvez me parler de vous-même. Mademoiselle Mulron, que j'ai interrogée ce matin sur votre santé m'a répondu que vous étiez à la fois mieux et plus mal ; mais cette bonne personne a si peu de jugement, que j'aime mieux ne m'en rapporter qu'à vous. Je ne saurais la suivre dans son langage affecté et dans ses réponses embrouillées. Voyons, comment vous trouvez-vous au physique et au moral, après l'étrange voyage que vous venez de faire?

Laure se sentit peu disposée à répondre à des marques d'intérêt qui ressemblaient à une critique. Elle se contenta de sourire avec mélancolie et de demander pourquoi la marquise qualifiait son voyage d'étrange.

— Je ne prétends pas ridiculiser vos démarches, ma très chère, répondit la marquise, encore moins les blâmer. Je me suis permis seulement de penser que vous étiez bien jeune pour quitter ainsi l'aile maternelle, et bien faible de santé pour vous jeter dans la solitude.

Laure garda le silence, décidée à n'entamer jamais aucune lutte avec sa belle-mère. Celle-ci reprit :

— Vous êtes maîtresse de vos actions, je le sais, et je reconnais vos droits à l'indépendance. Ce n'est donc pas de moi que vous relèverez jamais, mais des convenances d'un monde qui n'aura pas pour vous l'indulgence à laquelle vous prétendez.

— Je ne prétends à rien, répondit Laure ; mais puis-je savoir de quoi ce monde souverain m'accuse ?

— De rien que je sache ; mais il s'étonne un peu et peut-être trouverez-vous avec moi qu'il ne faudrait même pas inquiéter les jugements humains.

— Je pense que vous avez toujours raison, chère maman, dit la jeune femme avec une douceur sans abandon. Vous ne pouvez pas vous tromper, et vos pensées sont un code, comme vos actions sont un modèle infaillible vis-à-vis du monde ; mais je ne suis plus du monde, moi, vous le savez.

— Je regrette, reprit la marquise sans montrer son mécontentement par la moindre émotion, que vous persistiez dans cette bizarrerie de vous croire affranchie de tous les liens que subissent sans effort les âmes bien nées. J'aurais cru que le temps et le recueillement de la solitude, que les fruits de la prière et la gravité de votre rôle de veuve, vous procureraient enfin le courage de donner le bon exemple. Je suis persuadée que vous ne sentez pas le danger où vous mettez les âmes, en vous montrant si consternée, si indifférente aux témoignages d'estime qui vous entourent. Permettez à mon affection de vous dire qu'on se doit aux autres, et que les regrets les mieux fondés, le chagrin le plus légitime, peuvent revêtir une apparence de romanesque et de passionné qui ne sied pas à une jeune femme....

La marquise en était là de son sermon, quand Toinette entra, la figure bouleversée, en criant à Laure :

— Madame, vous plaît-il un instant ?

— Qu'est-ce donc ? dit la marquise en se levant. Est-il arrivé un accident à quelqu'un de la maison ?

— Non, madame, répondit Toinette embarrassée. C'est quelqu'un qui demande à voir madame Octave.

— Un homme de la campagne ? reprit la marquise. Qu'il vienne ; nous écoutons tout le monde.

— Non, dit Laure, qui avait compris du premier regard le trouble de Toinette et dont le cœur s'ouvrait inopinément à une profonde satisfaction. C'est une visite, n'est-ce pas Toinette ?

— Eh bien ! quelle est donc cette manière d'annoncer, dit la marquise à Toinette. Vous vous levez, ma fille ? Vous allez au devant de la personne... Sachez d'abord qui c'est.

— C'est une personne que je connais, répondit Laure en allant jusqu'à la porte du salon et en tendant la main à Adriani.

Adriani entra en baisant cette main avec transport. La marquise resta stupéfaite.

Adriani était si ému, si enivré d'être reçu ainsi, qu'il ne voyait pas seulement la marquise.

— Maman, dit Laure à sa belle-mère avec l'aisance la moins équivoque, je vous présente monsieur d'Argères, dont je n'ai pas encore eu le temps de vous parler, mais qui mérite de vous un bon accueil.

— Je n'ai pas à en douter, ma fille, répondit la marquise en saluant Adriani, d'après celui que vous lui faites. Vous avez connu monsieur dans votre voyage, et il faut que ce soit un homme d'un grand mérite pour qu'une si nouvelle connaissance ait déjà pris place dans votre intimité.

Adriani, qui tenait toujours la main de Laure dans les siennes, se réveilla comme en sursaut, non pas tant aux paroles de la marquise, qu'il entendit confusément, qu'au regard terrible qu'elle attacha sur lui. Il n'y avait pourtant aucune colère dans ce regard, mais il s'en échappa un froid de glace qui passait dans tous les membres.

Adriani quitta la main de Laure après l'avoir baisée une seconde fois, il salua profondément la marquise, et, surmontant l'espèce de paralysie que lui causait l'aspect de cette femme, il la regarda fixement aussi, attendant qu'elle passât de l'épigramme au reproche.

La marquise restait debout, et cette attitude était fort significative. Laure ne pouvait ni s'asseoir ni faire asseoir son hôte avant que la vieille dame, habituée d'ailleurs au rôle de première maîtresse de la maison, ne leur en eût donné l'exemple.

Cette situation bizarre dura presque une minute, c'est-à-dire un siècle, si l'on se représente l'embarras intérieur d'Adriani.

Mais il avait trop d'usage pour ne pas paraître aussi à l'aise que si la marquise l'eût reçu à bras ouverts, et cette aisance la frappa vivement. Elle sentit quelque chose de supérieur dans cet inconnu, et comme, à ses yeux, la supériorité, c'était un grand nom ou une grande position dans le monde, elle craignit d'avoir été trop loin et se rassit en invitant, d'un geste royal, sa belle-fille et son hôte à en faire autant. Puis, elle se referma dans un silence majestueux, mais droite sur son fauteuil et attendant une explication.

Il n'appartenait pas à Laure de la donner. Elle ne pouvait disposer de la révélation qu'Adriani ne voulait sans doute pas faire à un tiers de ses sentimens secrets. Elle eût été bien embarrassée de donner le moindre éclaircissement sur la position qu'il occupait dans la société, puisqu'elle n'avait pas seulement songé à s'en enquérir.

Toinette, qui, par privilége d'ancienneté, avait place au salon, s'était réfugiée dans un coin, où feignant de ranger une corbeille à ouvrage, épouvantée de l'attitude, que prenaient les choses, mais curieuse d'en voir l'issue, elle offrait la vivante image de la perplexité.

## XI.

La personne la plus calme, en apparence, dans ce groupe pétrifié, c'était Adriani. Laure, tranquille pour elle-même qui ne sentait rien à se reprocher, n'était pas sans inquiétude pour celui qui, en lui marquant un attachement si tranché, s'exposait pour elle à d'injustes affronts.

Adriani était homme de résolution, et, voyant bien clairement que la marquise ne quitterait pas la place sans savoir à quoi s'en tenir, il parla ainsi, en s'adressant à la vieille dame avec une assurance respectueuse :

— Il est tout simple que madame la marquise de Monteluz,—car c'est à elle que j'ai l'honneur de parler......—la marquise fit une légère inclination de tête) veuille savoir quelle est la personne assez audacieuse pour se présenter ainsi devant elle. Cette personne est audacieuse en effet, très audacieuse ; elle ne se le dissimule pas ; mais madame la marquise n'a pas sujet de s'en alarmer, puisque ce n'est pas devant elle que l'audacieux s'attendait à être admis. Il se serait fait présenter à elle selon toutes les formalités requises et avec tout le respect qu'il sait lui devoir, si l'honneur de lui faire sa cour eût été le but de sa visite.

La personne, la prononciation, les manières d'Adriani avaient tant de distinction naturelle et acquise, et en ce moment, sa volonté donnait quelque chose de si décidé à sa physionomie, que la marquise, se demandant vainement où elle avait entendu prononcer avec éclat le nom de d'Argères, se figura qu'elle voyait devant elle quelque prince étranger. Elle accepta donc paisiblement l'espèce de leçon que lui donnait l'inconnu, certain qu'il allait y joindre quelque chose d'assez flatteur pour la dédommager.

Adriani poursuivit :—Cependant, puisque l'occasion me sert si bien, et que me voilà favorisé au point de me trouver en présence des deux chatelaines de Larnac, je ne suis pas assez écolier pour ne pas en profiter avec empressement. J'aurais cru d'abord qu'il me suffisait d'être présenté par la fille à la mère pour être accepté de confiance ; mais madame la marquise daignant m'interroger......

La marquise ne broncha pas. Elle mettait la convenance fort au-dessus de la courtoisie, et la fausse convenance au-dessus de la vraie qui eût exigé qu'elle acceptât, les yeux fermés, la caution de sa belle-fille. Elle attendit la suite en femme qui ne transige pas.

Adriani, qui l'observait attentivement sans pouvoir surprendre l'ombre d'une incertitude ou d'un raccommodement dans ses yeux clairs, poursuivit sans se troubler :

— Je me vois donc forcé de faire ma propre apologie, en dépit de toutes les règles de la modestie. Je la ferai très courte. Je suis un homme irréprochable. J'ai quelque talent et quelque fortune. J'appartiens à une famille honorable. Je suis passionnément épris de Mme Laure de Monteluz. J'ai osé le lui dire et mettre mon existence à ses pieds. Loin de m'encourager, elle m'a fui ; je l'ai suivie, parce que je persiste et que je suis décidé à ne renoncer à mes espérances que chassé d'ici par elle-même.

Laure resta immobile et comme recueillie dans une méditation calme. Un pâle sourire éclairait sa figure.

La marquise était plus pétrifiée que jamais. Toinette retenait son souffle.

Pourtant la marquise n'était pas ennemie de cette sorte de solennité brusque, qu'elle attribuait à l'aplomb d'un grand personnage. Elle aimait la lutte et l'obstination de la controverse.

— Monsieur, répondit-elle, dans les usages de la noblesse méridionale, une demande en mariage exige la réunion des principaux membres d'une famille ; mais je crois deviner que vous êtes étranger, du moins à cette partie de la France dont nous sommes, ma fille et moi.

— Oui, madame, répondit l'artiste avec vivacité et en regardant Laure, qu'il lui tardait d'instruire mieux et plus vite que sa belle-mère. Je suis à moitié étranger, puisque ma mère était Italienne, que je suis né à Naples et que je porte le nom d'*Adriani*.

Laure tressaillit, rougit faiblement, comme à la joie d'une agréable découverte, et tendit de nouveau la main à l'artiste, sans faire la moindre attention à l'étonnement de sa belle-mère et à la consternation de Toinette.

Ce fut une ivresse de bonheur pour Adriani que ce mouvement spontané. Laure le savait artiste, et c'était un titre à ses yeux.

Quant à la marquise, qui, sans être musicienne, avait toujours montré beaucoup d'encouragement et de condescendance pour la passion de Laure à l'endroit de la musique, ou elle ne se rappela pas avoir ouï parler d'un chanteur du nom d'Adriani, ou, si elle se souvint d'avoir lu ce nom gravé sur les cahiers de sa belle-fille, elle ne voulut pas supposer que ce fût celui qui se donnait pour riche et bien né. Elle se confirma dans la supposition d'une destinée des plus brillantes, et reprit son résumé.

— Je crois, monsieur, d'après votre personne et votre langage, que vos poursuites peuvent être très flatteuses pour ma fille ; mais, avec la vivacité italienne qui vous caractérise, vous voulez marcher trop vite. La chose est délicate au possible dans l'esprit de deux femmes appelées par vous à se prononcer sans prendre conseil que d'elles-mêmes. Vous nous permettez donc de nous consulter d'abord, ma fille et moi, et ensuite de réunir notre famille avant de prendre une résolution aussi grave. C'est l'avis de ma fille et le mien.

Adriani interrogea les regards de Laure, qui restaient doux, mais vagues.

— A quoi songez-vous, ma fille ? dit la marquise, étonnée de sa préoccupation.

Laure se réveilla et dit avec calme :

— Je pensais à lui, maman, à ce qu'il nous dit. A quoi voulez-vous que je songe quand il est là ? Je l'aime autant qu'il est possible d'aimer, et pourtant je ne veux pas encore lui répondre. Je ne veux pas ; il le sait bien.

— Ainsi, Laure, rien n'est changé entre nous, s'écria Adriani. Eh bien ! merci pour la part de confiance que vous me conservez. Je craignais d'avoir à la reconquérir. Je ne m'en effrayais pourtant pas ; j'y étais si bien résolu ! Soyez bénie, si cette fuite ne cache pas le désir de m'échapper pour toujours.

— Ma fuite ne cache rien, répondit Laure. N'avez-vous pas reçu ma lettre ? Je n'ai jamais fait un pas ni dit un mot qui cachât quelque chose ; ne le savez-vous pas ?

— Oui, je le sais. J'ai tort de parler comme je fais. Je vous comprends, je vous connais, et c'est pour cela que je vous adore. Vous avez cru devoir me détacher de vous et m'y aider. Vous savez, Laure, que je n'accepte pas votre opinion sur vous-même. Déterminé plus que jamais à la combattre, me voilà à vos pieds. Il faut bien que vous m'y laissiez jusqu'à ce que votre amitié pour moi devienne de l'amour ou de l'aversion. Quant à moi, je n'accepterai qu'un seul arrêt de vous : celui de la haine ou du mépris.

— Celui-là n'arrivera jamais, Adriani. Il m'est aussi impossible de croire que vous me deviendrez odieux qu'il m'est impossible de savoir si je partagerai votre passion. Dans cette incertitude, mon rôle vis-à-vis de vous peut-il se prolonger ? Voulez-vous donc que, moi qui n'ai qu'une vertu, celle de la franchise, j'accepte le personnage d'une coquette, et que j'entretienne des espérances peut-être mal fondées ? Quittez-moi et donnez-moi du temps, voilà ce que je vous ai demandé, ce que je vous demande encore.

— Et voilà, répondit Adriani avec impétuosité, ce que je ne peux pas vous accorder, moi ! Je sais très bien contre quels souvenirs, contre quels découragements j'ai à lutter pour vous convaincre. De loin, j'échouerai à coup sûr. Mes lettres, en supposant que vous vous engagiez à les lire, ne vous prouveront rien en ma faveur.

Des paroles ne sont pas des actions. Si vous me chassez, je suis perdu, je le sais ; je suis maudit !

Adriani, à cette pensée, fut si fortement ému, que sa figure s'altéra et que des larmes vinrent au bord de ses paupières ; de vraies larmes qu'une excitation volontaire n'arrachait pas au système nerveux d'un artiste, mais qu'une douleur véritable répandait dans la voix et sur le visage d'un homme, en dépit de lui-même.

Laure les vit, et l'effet en fut si soudain et si sympathique sur elle, que ses yeux s'humectèrent aussi.

— Non, lui dit-elle, je ne veux pas que vous partiez triste ; je ne veux pas vous avoir rendu malheureux, ne fût-ce que passagèrement ! Vous resterez près de nous jusqu'à ce que je vous aie fait consentir à vous éloigner sans amertume. Toinette, va, je te prie, faire préparer la chambre de M. Adriani. Je l'invite à passer quelques jours chez moi. — Maman, ajouta-t-elle dès que Toinette fut sortie, je vous demande pardon de prendre ce parti sans vous consulter. Il est des circonstances, je le vois, où la conscience et le cœur sont d'accord pour commander notre conduite, dût-elle ne pas être approuvée par les êtres que nous respectons le plus. C'est à moi maintenant de vous persuader humblement de penser comme moi sur le compte de *l'ami* que j'ose vous présenter de nouveau comme tel, et qui aspire à votre bienveillance.

La marquise était si étourdie de ce qui se passait sous ses yeux, qu'elle ne put d'abord trouver une parole. Tout son *usage* l'abandonnait. Elle croyait rêver.

Elle connaissait Laure pour *entêtée*. C'est le mot que, depuis l'enfance de sa pupille, elle appliquait, sans gaîté ni aigreur, à son caractère. Le résultat de cette persistance dans les sentimens ayant été un heureux mariage pour le fils de la marquise, celle-ci avait dû reconnaître qu'elle ne regrettait pas d'avoir été *vaincue et dominée* (c'est ainsi qu'elle parlait) par *cette petite fille*. Depuis la mort d'Octave, l'accablement de Laure, également invincible, sa haine pour ce que la marquise appelait le monde, surtout son absence récente, qui ressemblait un peu à une révolte déguisée contre les habitudes de la famille avaient bien choqué les idées de la vieille dame ; mais elle se flattait de ramener sa bru à une soumission absolue, du moins en sa présence. Elle fut donc abasourdie de la voir se fiancer en quelque sorte à sa barbe (elle en avait un peu), avec un inconnu, sans avoir égard aux sages lenteurs et aux minutieuses enquêtes qu'elle se réservait d'apporter en obstacle ou en aide dans tout projet de mariage que Laure pourrait former.

— Vous avez été bien vite en effet, ma chère Laure, dit-elle enfin d'un ton d'autant plus aigre qu'il était plus réservé. Le parti très étrange que vous prenez de retenir monsieur au risque de compromettre votre réputation, est le fâcheux résultat d'imprudences commises sans doute dans votre malheureux voyage. Il est trop tard assurément pour s'en affliger, et je n'ai pas l'habitude de me faire persécutante sans utilité. Puisque vous n'êtes pas parfaitement maîtresse de vos actions, et que vous avez cru devoir témoigner à un tendre adorateur des sentimens après l'aveu desquels il n'y a de possible que des transactions, je dois baisser la tête en silence et prier pour que l'issue du roman soit heureuse pour vous, édifiante pour les autres.

Ayant ainsi parlé et dit toutes ces choses dures d'une voix très douce, la dame se leva, salua Adriani et quitta l'appartement avec l'affectation d'une personne qui se sent de trop.

Il était temps qu'elle se retirât, elle l'avait senti elle-même en voyant le feu de l'indignation monter au visage d'Adriani. Ce généreux esprit se révoltait tout entier contre la sécheresse du cœur et cette dureté, presque insultante envers une femme aussi éprouvée que la pauvre Laure, lui paraissait un crime. Même en dehors de son amour pour elle, il eût éprouvé le besoin de la venger de ces froids sarcasmes. Quand la marquise eut repoussé la porte sur elle, il était debout, l'œil menaçant, la bouche contractée par le dédain. Laure lui prit le bras pour l'arracher à cette anxiété.

— Eh bien ! lui dit-elle en souriant, vous ne saviez pas ce qu'il fallait braver pour approcher de moi, ici ?

— Si, je le savais, répondit-il. Je suis venu quand même.

— Et vous resterez quand même ?

— Non, pas quand même, mais parce que. La vue de cette femme me fait bénir ma persévérance, et elle m'explique tout. Ce n'est pas d'avoir perdu Octave, c'est d'être restée sous le joug de sa mère qui vous fait désespérer de toutes choses et de vous-même. C'est là le souffle de mort qui vous tuerait, et auquel mon influence et ma volonté doivent vous soustraire

— Pardonnez-lui, Adriani. Elle obéit à une

croyance, et d'ailleurs ce n'est pas le moment de la maudire : c'est à elle que vous devez d'être ici pour quelques jours. Si je n'avais pas eu la certitude qu'en apprenant qui vous êtes elle allait vous faire quelque affront, je ne me serais pas départie si aisément de la conduite que je m'étais tracée envers vous ; mais j'ai pris les devants, en lui rappelant que je suis chez moi et qu'elle n'en peut chasser personne.

— Qu'elle soit donc bénie cette barre de fer qui vous enferme, mais qui pliera ou se rompra devant vous, j'en fais le serment. Oublions-la pour le moment, et laissez-moi vous parler de moi, à propos de ce que vous venez de dire. Ce que je suis, je vois bien qu'elle ne le sait pas encore ; il est temps que vous le sachiez vous-même.

— Non, non ! répondit Laure, j'en sais assez. Vous êtes l'admirable Adriani dont la fierté et le désintéressement égalent le génie et l'inspiration. Si vous avez en effet, de la fortune (on m'avait dit le contraire), laissez-moi l'ignorer ou ne l'apprendre que par hasard. Ah ! mon ami, croyez-vous que si mon cœur se refuse à l'amour qui vous est dû, l'obstacle soit en vous ! Non certes. Quelle que soit votre condition dans la vie, je ne veux connaître de vous que vous-même.

— Eh bien ! reprit Adriani, c'est de moi-même que je vous parlerai en vous disant que je dois la fortune à des hasards et non à des travaux qui pourraient me distraire de vous.

Il raconta alors tout ce qui était contenu dans la lettre que nous avons rapportée, et qu'il n'avait pu faire tenir à Laure.

Ils causaient ensemble depuis deux heures, lorsque Toinette revint dire à la jeune femme que sa belle-mère désirait qu'elle voulût bien monter dans sa chambre un instant.

— Qu'y a-t-il, Toinette ? dit Laure en se levant. Est-on bien courroucée contre nous ?

— Hélas ! oui, madame, répondit Toinette qui avait les yeux rouges et gonflés ; madame m'a fait mille questions, et jamais juge criminel n'a torturé de la sorte un témoin. Que pouvais-je lui répondre ? Monsieur eût bien mieux fait de me dire son secret. J'aurais pu présenter la vérité dans son meilleur jour.

— Quel secret, Toinette ? dit Adriani impatienté. Dès ce que je voyage sous mon nom de famille pour éviter les importunités qui accablent un artiste dont le pseudonyme est connu de tous les amateurs, et dont heureusement la figure est moins connue que les ouvrages, doit-on conclure que je rougis de ma profession ? Est-ce là l'opinion de la marquise ? Prend-elle l'espèce de modestie, qui est le refuge de mon indépendance de promeneur, pour une lâcheté d'imbécile ?

Je ne saurais vous dire ce qu'elle pense ; mais votre nom d'Adriani l'a intriguée. Elle a une mémoire désolante. Elle m'a demandé brusquement si vous chantiez. J'ai répondu que c'est par la musique que vous avez fait connaissance avec nous. J'ai cru tout arranger en racontant la vérité, moi ! Elle s'est écriée : C'est cela ! Et après m'avoir traitée comme une intrigante avec ses petites paroles pincées qui vous figent le sang, elle m'a ordonné d'appeler madame.

— J'y vais, dit Laure tranquillement. Tu as bien fait d'être sincère, Toinette. Et vous, mon ami, ne soyez pas inquiet pour moi. J'ai peut-être plus d'énergie qu'on ne m'en supposerait.

Laure trouva sa belle-mère à genoux sur un prie-Dieu. La chambre petite et sombre qu'elle occupait au château de Larnac était pauvre, nue et propre comme celle d'une religieuse. Jamais Laure n'avait pu la faire consentir à prendre sa part dans le bien-être qu'elle avait apporté dans la famille. Hautaine et stoïque, la noble dame couchait sur la dure, et, autant par orgueil que par humilité, elle ne souffrait pas le velours d'un coussin entre ses genoux et le bois de chêne de son prie-Dieu.

Elle ne s'était pourtant pas mise en prières dans ce moment par ostentation ni par hypocrisie. Elle s'était sentie indignée et demandait à Dieu de n'en rien faire paraître. Sincère, mais complètement inintelligente des délicatesses du cœur, elle croyait avoir remporté une victoire décisive sur elle-même, quand, sans élever la voix ni ressentir la moindre accélération dans son sang, elle avait réussi à blesser avec préméditation la dignité ou la sensibilité d'autrui.

— Ma fille, dit-elle en se relevant, asseyez-vous, et veuillez m'écouter avec sagesse. Vous avez apparemment, sur l'importance des distinctions sociales, des idées qui diffèrent entièrement des miennes ?

— Je crois que oui, en effet, chère maman, répondit Laure.

— Je m'en étais doutée quelquefois, reprit la marquise, surtout dans ces derniers temps ; mais l'éloignement que nous avons l'une et l'autre pour toute espèce de discussion oiseuse nous a empêchées de nous bien connaître jusqu'à ce jour, et je le regrette. J'aurais pu combattre en vous des tendances dangereuses aux idées révolutionnaires de ce malheureux siècle. J'aime à croire pourtant que ces tendances sont combattues en vous-même par le sentiment de votre propre dignité, et qu'en ajournant les espérances blessantes de monsieur Adriani, vous vous rappelez *ce qu'il est et qui vous êtes.*

Elle fit une pause pour attendre la réponse de son interlocutrice, qui avait pris, dès l'enfance, l'habitude de ne jamais l'interrompre. Laure répondit en résumant, en quelques mots, sans réflexion aucune, l'histoire qu'Adriani venait de lui raconter. Puis elle attendit à son tour le jugement que porterait la marquise.

— D'après ce que vous me dites, répondit celle-ci, et je veux supposer que monsieur d'Argères vous a bien dit la vérité, je vois qu'il mérite de l'estime et des égards. Sa naissance, quoique sortable, à ce que je crois, ne me paraît pas à la hauteur de la vôtre ; sa fortune, si elle est bien réelle, est supérieure à celle que vous possédez ; mais je vous estime assez pour croire que ce ne serait pas à vos yeux une compensation suffisante. Cependant, j'admets les inclinations de cœur qui font accepter sans rougir la richesse, bien que mon fils n'eût jamais obtenu mon consentement pour vous épouser si votre origine eût été au-dessous de la sienne. Ce sont là, ma fille, des scrupules et des convictions personnelles que je ne prétendrais pas vous imposer, s'il n'y avait pas d'autre obstacle entre vous et les projets inouïs de monsieur d'Argères ; mais il en existe un si réel, que je ne puis me dispenser de vous en retracer l'importance.

Vous savez, ma fille, que je n'ai pas la sottise de mépriser les artistes, pas plus que je ne méprise aucune condition honnête. J'ai connu, par rapport à vous, et je vous ai fait connaître, des musiciens renommés, entre autres, M. Habeneck, qui était un homme très bien élevé, et, qui, en vous donnant quelques leçons d'accompagnement pour faire plaisir à votre maître de piano, n'a rien voulu recevoir pour prix de sa peine. Cela m'a forcée à l'inviter à dîner, et je ne l'ai pas regretté, en voyant qu'il ne buvait pas comme font la plupart des musiciens, et pouvait parler sur son art d'une manière intéressante. Vous avez désiré qu'on fît de la musique chez nous. J'y répugnais, parce que votre fortune, suffisante ailleurs, ne nous permettait pas d'exercer à Paris une hospitalité bien convenable, et que je craignais un air d'intimité de notre part avec des artistes. J'ai cédé pourtant, et j'ai consenti à de petites réunions où des musiciens choisis, s'attirant les uns les autres, sont venus procurer aux personnes de votre société des moments agréables.

— J'ai eu tort certainement, si vous avez pu conclure de là que ces artistes étaient vos égaux. Je suis répréhensible de n'avoir pas prévu que cette idée germerait tôt ou tard dans une tête que je ne savais pas aussi exaltée qu'elle l'était, qu'elle l'est devenue. Mon but était, d'abord, de satisfaire vos goûts et d'y employer des revenus qui étaient vôtres, ensuite de vous faire briller dans un monde d'élite où vos talents et votre beauté pouvaient vous mettre à même de vous établir plus avantageusement, pécuniairement parlant, que vous n'avez voulu le faire. J'étais, je suis toujours une provinciale, moi ; je n'en rougis pas, bien au contraire ! Mais je voulais faire de vous une Parisienne, afin de n'avoir pas à me reprocher de vous avoir tenue dans un milieu où l'amour de mon fils vous devint une sorte de nécessité.

Eh bien ma chère Laure, toutes mes précautions ont été déjouées par vous. D'abord vous avez épousé mon fils ; ensuite vous avez cru qu'il vous était possible de vous remarier avec un artiste. Voyons, n'est-ce pas là votre pensée dans ces derniers temps ?

— Je sais, maman, répondit Laure, que je voudrais en vain modifier vos idées sur l'inégalité des conditions. Je ne l'entreprendrai pas. Incapable de modifier les miennes, mon respect pour vous m'ordonne de me taire quand vous avez prononcé.

— Alors, vous pensez vous retrancher peut-être sur ce que monsieur d'Argères n'est pas ce qu'on appelle un artiste ? Vous l'essayeriez en vain, ma très chère. Des malheurs que je ne suis pas très disposée à plaindre, puisqu'il avoue avoir perdu sa fortune en dissipations de jeune homme, l'ont réduit volontairement à subir cette dégradation. Je dis volontairement, parce que vous prétendez que sa famille lui a offert une pension pour l'y faire renoncer. J'ai une médiocre opinion, je vous le confesse, d'un homme qui blesse ouvertement celle de ses parents, et je préférerais beaucoup pour vous monsieur d'Argères ruiné, mais fidèle aux convenances de sa caste, que monsieur Adriani enrichi par le hasard et illustré par son savoir-faire.

Je sais que nous avons dans l'émigration de très grands seigneurs réduits à faire usage de leurs talents d'agrément en pays étrangers. C'est par nécessité qu'ils ont pris ce parti, et ils sont bien excusés par la persécution révolutionnaire; mais, dans le cas de votre monsieur d'Argères, il n'en est point ainsi. C'est son goût qui l'a poussé au travail, et le travail ne dégrade pas l'homme, mais il le déplace à jamais. Monsieur d'Argères a cessé d'exister pour ses pairs le jour où il a laissé imprimer sur une affiche de concert ou de spectacle le nom d'Adriani, et à paraître, de sa personne, devant des spectateurs payans. Vous pensez qu'il n'a jamais monté sur les tréteaux ? Vous vous trompez, et sa mémoire le trompe lui-même. Je me suis parfaitement rappelé tout à l'heure la manière dont notre grand-cousin, monsieur de Montesclat, nous parla de lui, il y a environ trois ans, à son retour de Paris. Lui aussi se pique de fionflons, et il nous dit qu'il n'avait rien entendu de plus parfait dans son voyage qu'un certain Adriani qui avait chanté, je ne sais plus sur quel théâtre, au bénéfice de je ne sais pas quoi..... Attendez! c'était au bénéfice des réfugiés italiens! Oui, c'est cela. Triste prétexte ou triste motif, ma fille, qui prouverait que ce monsieur a des opinions fort contraires à celles de votre monde!

La marquise parla encore longtemps sur ce ton et démontra par a plus b qu'un homme livré à la critique, l'était à l'insulte; en quoi elle ne se trompait pas beaucoup; mais, comptant pour rien, ignorant même tout à fait ce que les vocations vraies ordonnent aux artistes de savoir souffrir, elle fit de subtiles distinction entre l'honneur du gentilhomme, qui peut demander raison à un malotru, et celui de l'artiste, qui ne peut faire tirer l'épée à toute une salle, et qui, pour recevoir l'aumône des applaudissemens, s'expose, de gaîté de cœur, à l'outrage des sifflets. Enfin, elle fut logique à son point de vue, diserte à sa manière, et conclut en suppliant sa belle-fille de lui faire un serment sur l'Évangile: C'est qu'elle renverrait l'artiste le lendemain, après lui avoir ôté radicalement la prétention d'être son mari.

## XII.

Comme toutes les personnes réfléchies, qui discutent intérieurement, Laure ne discutait jamais en paroles. Elle laissa couler ce flot de réprobation sur la tête d'Adriani, auquel elle s'identifiait dans le sentiment de la résistance; puis, sommée de promettre, elle refusa nettement.

— Non, maman, dit-elle, jamais! Dans la crise de mes plus mortelles douleurs, j'ai failli former des vœux qui maintenant détruiraient vos craintes, mais qui me causeraient des remords. J'aurais volontiers juré, dans ces momens-là, de n'aimer plus jamais; à présent, je ne suis pas sûre de ne point aimer. Tant que cette affection sera incertaine et incomplète, je suis résolue à éloigner l'homme qui me l'inspire; mais si, après avoir essayé tour à tour l'effet de sa présence et de son absence, je me sens capable de m'attacher à lui, certaine de ne rencontrer jamais un plus digne objet, j'obéirai à mon cœur. Ce sera pour moi la volonté de Dieu; car, loin d'avoir à me combattre jusqu'à présent, je ne fais autre chose que de lui demander le bienfait de la vie, et si l'amour triomphe de mon abattement, je le recevrai comme on reçoit la grâce. Voilà ma pensée, voilà mes résolutions; je ne vous tromperai jamais. Daignez ne voir aucune résistance personnelle contre vous dans cette résistance de tout mon être à vos opinions.

— Laure! Laure! s'écria la marquise plus émue qu'elle ne l'avait jamais été dans une querelle, vous brisez votre vie et la mienne!

Il y avait une sorte de douleur dans son accent. Laure en fut touchée et, se jetant à genoux devant elle, elle lui prit les mains: — Ma chère tante, lui dit-elle, revenant par instinct à l'habitude de ses jeunes années, ne me retirez pas votre sollicitude, quelque indigne que je vous paraisse. Dieu m'est témoin qu'en vous combattant je vous respecte...

— Ah! vous ne m'avez jamais aimée! dit la marquise surprise par un sentiment de tristesse. Mais ce fut un éclair rapide; elle reprit, avec la froideur de l'insinuation obstinée: — Si vous aviez le moindre attachement pour moi, vous renonceriez à des chimères plutôt que de m'affliger ainsi!

— Oui, oui, dit la jeune femme toujours à ses pieds, je renoncerais à des chimères, mais à une certitude, je ne le dois pas. Écoutez-moi comme une mère; ce sera la première fois de ma vie que j'aurai essayé de vous attendrir, et, si j'échoue, je n'aurai rien à me reprocher. Vous ne me connaissez pas, vous ne m'avez jamais connue, ou bien c'est vous qui n'aimez pas vos enfants et qui ne pouvez sacrifier aucun de vos principes austères à leur bonheur, à leur existence. Ce n'est point un reproche que je vous adresse ; vous avez la grandeur d'une mère spartiate !...

— Dites d'une mère chrétienne, répliqua la marquise. Celle des Machabées vit torturer ses fils et leur prêcha la vraie foi jusque dans les bras de la mort.

— Eh bien ! connaissez mes souffrances et voyez mon agonie, répondit Laure avec force ; vous ajouterez cette palme à vos triomphes, si vous restez indifférente et inébranlable. Je me meurs, ma mère, je m'éteins, je deviens folle ou idiote, si quelqu'un ne me sauve et ne m'impose, par sa foi et sa volonté, l'amour que je n'ai plus la force de trouver en moi-même. J'ai trop souffert, voyez-vous ! j'ai souffert depuis mon enfance. Vous n'avez jamais voulu vous douter de cela, vous qui ne pouvez pas souffrir ! Vous n'avez jamais vu que je mourais, enfant, de la mort de ma mère. Jamais vous n'avez eu une larme pour celle qui était votre sœur, et cette insensibilité ou cette force faisait de vous, à mes yeux, un objet d'épouvante, une puissance incompréhensible. Quand vous me faisiez dire mes prières, à genoux devant vous, comme m'y voilà encore, les sanglots m'étouffaient. Vous preniez mon mouchoir, vous le passiez rudement sur ma figure inondée, et vous me disiez : « Ne pleurez pas, enfant ; c'est mal, puisque votre mère est au ciel ! » Vous aviez raison ; mais les enfants ont besoin de tendresse. C'est leur religion, à eux, et vous m'eussiez fait plus de bien en me pressant sur votre cœur et en mêlant une de vos larmes aux miennes, qu'en brisant mes genoux et en écrasant ma sensibilité dans la prière. Vous n'avez jamais eu pour moi la douce assistance de la pitié, plus féconde, croyez-moi, que les remontrances du courage. On ne fortifie qu'en aidant, en prenant sur soi une part du fardeau des affligés. Vous me laissiez tout porter en me criant : « Délivre-toi toi-même ! » Oh ! jamais une caresse ! jamais une plainte ! Aussi n'étais-je pas exigeante en fait de commisération, et quand Octave me disait : « Viens jouer ma pauvre Laure ! » je le suivais sans résistance et je renfermais ma tristesse pour ne pas la lui faire partager. Tout est là, voyez-vous ! Quand on est aimant, on ne trouve sa propre énergie que dans le désir de complaire aux autres. Abandonné à soi-même et certain de souffrir seul, on succombe ! Quand on a bien reconnu que les encouragements de la froide raison n'expriment que l'impatience et la lassitude de voir souffrir, on apprend à se contenir ; on prend l'extérieur de la résignation et on se dévore soi-même.

» Voilà ce que vous avez fait de moi ! un être tranquille et silencieux, qui vit au dedans et qui est forcé d'éclater ou de périr.

» Et pendant mon long amour pour Octave, n'avez-vous pas travaillé sans relâche à m'ôter le seul rêve de bonheur auquel je me fusse attachée ? C'est votre résistance qui a fait la force et la durée de cet amour. Pendant mon union avec lui, vous m'avez vue souffrir d'une terreur affreuse ; quelquefois j'ai osé vous dire : « Je crois qu'il ne m'aime pas ! » Il m'aimait pourtant ; mais il n'était pas tout entier à l'affection, et la vie d'intérieur lui était impossible. C'est vous qui l'aviez formé à ce mépris du foyer domestique, ne redoutant pour lui aucun danger, n'admettant pas que la société d'un fils ou d'un époux fût nécessaire à sa mère ou à sa femme ! Mes inquiétudes pour sa vie vous faisaient sourire, et quant à celles qui avaient son amour pour objet, vous me repondiez : « Il n'a point de maîtresse ailleurs ; il a des principes religieux, donc il vous aime, et si vous n'êtes pas heureuse, c'est que vous rêvez des sentimens romanesques que n'admet point la sainteté du mariage. »

» Eh bien ! vous êtes peut-être dans la réalité, vous avez peut-être l'appréciation juste de la fatalité qui préside aux destinées humaines ! Mais vous acceptez un arrêt sans effort, et moi, je ne le peux pas ! Non, tenez, ma mère, je ne le peux pas ! Je ne vous demandais plus qu'une chose : c'était de me laisser pleurer mon mari toute seule, là, dans un coin, de savourer ma douleur jusqu'à ce qu'elle fût épuisée. Vous ne l'avez pas voulu. Dès le lendemain d'une catastrophe effroyable, vous m'avez reproché d'être sourde aux compliments de condoléance de votre innombrable famille. Il fallait, au retour de la cérémonie funèbre, faire les honneurs d'un repas : votre famille avait faim ! Puis ! tous les jours, des visites du matin jusqu'à la nuit ! Il fallait écouter ces odieuses questions de l'oisiveté curieuse ou de la pitié sans délicatesse, entendre vos parents se faire les uns aux autres le récit de l'événement, l'horrible description des blessures !... Vous pouviez affronter tout cela et dire à toutes choses : « La volonté de Dieu soit faite ! » Moi, je fuyais, je m'enfermais, j'étouffais mes cris.

» Toinette m'a gardée évanouie ou égarée des nuits entières. Et quand je me traînais dans votre salon, vous ne me pardonniez pas une distraction, une méprise de noms ou de personnes, qui ne pouvait être taxée d'impolitesse que par des amis sans cœur et des parents sans entrailles. Eh bien ! vous m'avez réduite à un tel état de contrainte morale, que je me suis sentie, un jour, abrutie et comme retombée en enfance. C'est alors que je me suis éloignée de vous pour respirer, pour tâcher de prendre mes esprits. Je n'avais pas de but devant moi ; je m'en allais au hasard. J'ai trouvé sur mon chemin une pauvre maison bien laide qui m'appartenait, où j'avais le droit de m'appartenir moi-même, de m'enfermer, de me faire oublier. L'amour d'un homme généreux et tendre est venu m'y trouver. J'ai cru que je ne pourrais y répondre. Par respect pour lui, je suis venue reprendre ma chaîne, croyant qu'il m'oublierait. Il m'a suivie, il est là, il dit que je l'aimerai, il veut que je l'aime. Il attendra que je le connaisse, que je l'apprécie ; il accepte toutes les épreuves, tous les retards, et je le repousserais sans l'entendre ! et je renoncerais à ma dernière chance de salut ! Pourquoi ? Pour ne pas choquer des préjugés que je ne partage pas ?

» Vous vous trompez cependant en croyant que je suis infatuée d'idées nouvelles et que je porte de l'exaltation dans ma résistance. Hélas ! est-ce que j'ai des idées, moi ? Est-ce que, élevée comme je l'ai été, et ne vivant d'ailleurs que pour Octave, je me suis jamais demandé ce que c'était qu'une mésalliance ? Jamais je n'ai si bien compris l'injustice et l'erreur des opinions que vous défendez que depuis une heure que je vous écoute. Je ne les eusse peut-être jamais réprouvées si mon cœur, qui s'éveille et s'agite, ne me faisait entendre des vérités plus persuasives, plus chrétiennes et plus humaines que les vôtres. Vous me croyez impie ! Non, ma mère, je ne suis pas impie. Je crois autant que vous à la loi de l'Evangile, mais je la comprends autrement. J'y vois une doctrine toute de tendresse, de dévouement et d'humilité, qui m'ordonne d'aimer autrement qu'en vue des vanités et des ambitions de ce monde.

Laure s'arrêta, épuisée, et chercha dans les yeux de sa belle-mère l'émotion qui remplissait son âme et sa voix. Elle n'y trouva qu'une incrédulité profonde, une sorte de raillerie muette qui était l'athéisme du fanatisme. Qu'on nous passe cette antithèse, paradoxale en apparence. Le fanatique n'aime Dieu qu'en Dieu et en dehors de l'humanité. Il oublie ou il ignore que nous sommes tous formés de son essence, animés de sa vie, et que compter pour rien nos malheurs et nos droits, c'est remettre le *Christ en croix* dans la personne de l'humanité.

La marquise ne répondit à aucun des reproches de sa belle-fille. Elle n'en tint aucun compte. Elle les accepta même comme des éloges, comme une justice qui lui était rendue. En les lui adressant, Laure savait bien qu'elle n'en serait pas blessée.

Elle n'avait pas non plus espéré la fléchir : elle la connaissait trop bien. Elle avait voulu s'expliquer, se formuler une fois pour toutes.

La marquise se leva et la laissa à genoux. Laure dut se relever d'elle-même sans avoir obtenu la plus légère marque de tendresse ou d'indulgence.

— Vous êtes fort éloquente, ma fille, dit la marquise, et je comprends le prestige que vous pouvez exercer sur des imaginations vives ; mais la mienne n'est pas de ce nombre, et je ne prends pas le réveil de vos sens pour un besoin tout à fait divin de votre âme.

— Assez, madame, assez ! dit Laure indignée. Ne m'aimez pas, j'y consens ; mais ne m'insultez pas, je ne le mérite point.

— Vous insulter, ma fille ! Dieu m'en garde ! Il n'y a rien là que de fort naturel et même de légitime, quand un mariage bien assorti et d'un bon exemple sanctionne nos désirs et termine les ennuis du veuvage. Mais nous sommes coupables quand nous cédons à l'inquiétude des passions, sans égard pour le respect que nous nous devons à nous-mêmes. Vous seriez dans ce cas, si vous me refusiez la promesse que j'ai réclamée de vous tout à l'heure.

— Je vous la refuse encore.

— Vous y penserez cette nuit, et, demain, comme vos tantes de Roqueforte et de Roquebrune viennent passer ici la journée avec leurs enfants, j'espère que vous m'épargnerez la honte et l'embarras de leur présenter monsieur Adriani.

— Et s'il en était autrement, madame, si je le leur présentais moi-même ?

— Oh ! libre à vous, ma fille ! dit la marquise avec un sourire effrayant, car c'était le premier depuis la mort de son fils, et il ressemblait à une malédiction. Vous êtes maîtresse de vos actions, et je n'ai ni le droit ni l'envie de vous imposer un deuil éternel. Vous le savez, je suis désintéressée pour mon fils mort, comme je l'ai été pour mon fils vivant. Mais, comme mes devoirs vis-à-vis du reste de ma famille subsisteront tant que je serai de ce monde, il ne me convient pas de les enfreindre pour vous faire plaisir. Aucune puissance humaine ne me décidera à faire à mes parents l'affront de les éloigner d'ici, et la pire des insultes serait de leur annoncer la possibilité de leur alliance avec un chanteur. Vous y réfléchirez donc et vous choisirez. Ou monsieur Adriani ne sera plus ici demain à midi, ou c'est moi qui sortirai de votre maison pour n'y jamais rentrer.

Laure s'approcha de sa belle-mère, prit sa main et la baisa avec une froideur égale à la sienne, en lui disant : Non, ma mère, vous ne sortirez pas d'ici ; vous ne quitterez pas une maison qui est devenue la vôtre, et où la tombe de votre fils vous attache pour jamais

Elle sortit sans s'expliquer davantage, passa dans sa chambre et écrivit à Adriani :

« Partez, mon ami, pour que ma belle-mère ne parte pas. Je lui dois ici le sacrifice de ma propre satisfaction, mais je vous ai promis quelques jours. Partez ce soir pour Mauzères, je partirai demain pour le Temple. »

Toinette porta ce billet à Adriani sans savoir ce qu'il contenait. Adriani n'eut pas une hésitation, pas un doute. Il partit sans dire un mot. La marquise dina de bon appétit. Ce fut toute la satisfaction qu'elle exprima à sa belle-fille. Le lendemain, lorsqu'elle s'éveilla (et elle était fort matinale), elle apprit que Laure et Toinette étaient parties dans la nuit sans rien dire à personne.

La tante de Roqueforte et la tante de Roquebrune, la cousine de Miremagne et le cousin de Montesclat arrivèrent fort exactement à midi, avec une nuée de petits cousins bruyants et de petites cousines endimanchées. Tout ce monde, qui accourait pour saluer le retour de *madame Octave*, fut plus ou moins désappointé, mais surtout intrigué d'apprendre qu'elle était déjà repartie.

Dans un milieu moins intime, la marquise eût pu expliquer ce mystère par la classique défaite des affaires de famille ; mais ni les Larnac ni les Monteluz ne pouvaient avoir des intérêts cachés pour les deux ou trois cents personnes qui, de près ou de loin, réclamaient leur confiance à titre de parents. La curiosité des provinciaux est ardente et naïve. Accablée de questions, la marquise prit le parti de dire ce qu'elle croyait de bonne foi être la vérité.

— Ecoutez, dit-elle, je ne peux ni ne veux vous tromper ; mais pour le repos et la considération de la famille, il faut que ceci reste entre nous et ne devienne pas la pâture du pays. Que le peuple et la bourgeoisie croient donc que madame Octave a de graves affaires dans le Vivarais. C'est un devoir pour vous tous de parler ainsi.

— Sans doute, sans doute, dit la tante Roqueforte ; nous comprenons bien qu'il y a autre chose, et c'est...

— C'est ce qu'il y a de plus triste au monde, reprit la marquise. Ma belle-fille est folle !

Là-dessus elle raconta comme quoi, *sans motifs appréciables à la raison humaine*, Laure, après être partie pour voyager, était revenue, au moment où elle annonçait dans ses lettres l'intention de prolonger son absence, comme quoi elle était arrivée, l'avant-veille, à Larnac, avec l'intention apparente d'y rester, et comme quoi elle était repartie au bout de vingt-quatre heures, sans s'expliquer aucunement. Tout me porte à croire, ajoutait la marquise, qu'elle a pris goût à sa petite propriété dans l'Ardèche, et qu'elle a la fantaisie d'y faire bâtir, pour passer les étés dans un climat moins chaud que le nôtre. Dans tout cela, je ne vois rien à blâmer, sinon le silence qu'elle garde sur ses projets ; mais cela même ne saurait m'offenser, puisque la pauvre créature ne sait pas trop elle-même ce qu'elle veut, et que l'air distrait et presque égaré que vous lui avez vu par moments, est maintenant sa physionomie habituelle. J'attendrai de savoir où elle est pour aviser à ce que je dois faire. Si son mal augmente au point que mes soins lui soient nécessaires, je tâcherai de la ramener ici ; sinon je la suivrai où elle souhaitera que je la suive. Me voilà donc parmi vous comme l'oiseau sur la branche, et attendant, en ceci, comme en toutes choses, la volonté de Dieu !

Il ne fut point question d'Adriani. On sut, au bout de quelques jours, qu'un inconnu avait fait une visite aux dames de Larnac ; mais on n'apprit sur cette visite rien d'assez particulier pour la faire coïncider avec le départ subit de Laure. La marquise repondit sur ce point de manière à écarter toute idée de rapprochement, et dit qu'elle croyait avoir reçu ce jour-là les offres d'un commis-voyageur dont elle ne savait même pas le nom.

## TROISIÈME PARTIE.

LAURE.

### XIII.

#### JOURNAL DE COMTOIS.

Mauzères, 10 septembre 18....

J'avais bien raison de penser que j'aurais du désagrément avec mon artiste. Ce n'est pas qu'il soit mauvais garçon : c'est, au contraire, un bien bon enfant, et que je considère comme un vrai camarade. Mais tous les artistes sont, ou des toqués, ou des canailles. Le mien est dans les toqués. Il me fait valser de Mauzères à Vaucluse, et de Vaucluse à Mauzères, le temps de défaire sa valise, de brosser son habit et de refaire sa valise. Par bonheur que je m'étais dépêché d'aller voir la fontaine de monsieur de Pétrarque, sans quoi je ne l'aurais pas vue. Si ce n'est que je crois qu'il a de l'amitié pour moi, je me demanderais pourquoi il me garde, car je ne lui sers qu'à le raser, et encore faut-il que je le guette pour l'empêcher de se raser lui-même. Je pense bien qu'il n'a pas toujours eu le moyen de se faire servir et qu'il n'en a pas l'habitude. Mais il paraît bien qu'il a celle de courir et d'échiner son monde, car je suis sur les dents, qui, par parenthèse, me font toujours bien mal.

#### NARRATION.

Adriani reçut, à Valence, un nouveau billet de Laure. « Ne soyez pas inquiet, lui disait-elle, je suis en route ; mais la pauvre Toinette a une de ces migraines violentes qui exigent vingt-quatre heures de repos. Je la soigne, afin d'arriver plus vite. Je serai au Temple mardi soir. »

Adriani avait donc trente-six heures d'avance sur Laure. Il les mit à profit pour lui ménager une surprise. Il s'arrêta une matinée à Valence et mit à contribution tous les magasins de la ville pour se procurer des meubles, des rideaux, des vases d'ornement, des tapis, tout ce qu'il put trouver de moins pacotille, dans la pacotille que Paris fournit à la province. Comtois eut l'esprit de découvrir un *bric-à-brac* où son maître fit main basse sur d'assez belles choses. En cette circonstance, Comtois, malgré son éternel mal de dents, sut se rendre utile. Il marchanda, paya, fit emballer et charger les *colis*, et fit gagner beaucoup de temps par l'ordre qu'il apporta dans ces détails. Adriani voulait aussi des fleurs. Comtois courut d'un côté, tandis qu'il courait de l'autre, et les pépiniéristes des faubourgs livrèrent des caisses d'orangers et de grenadiers en fleurs, des lauriers roses, des dahlias, des héliotropes, des verveines, enfin ce qu'on peut trouver à peu près partout maintenant, mais en assez grande quantité pour rajeunir l'aspect du triste jardin du Temple.

Un bateau prit ce chargement et Adriani gagna Tournon pour disposer aussitôt les moyens de transport par terre sans interruption.

Presque tout arriva sans encombre. L'artiste et son valet de chambre, aidés d'ouvriers pris à la journée, arrangèrent à la hâte le pauvre manoir dont Laure avait subi la laideur et l'incommodité avec tant d'indifférence. Il y eut bien des rideaux trop longs, des tentures mal ajustées, mais les murs noircis du rez-de-chaussée disparurent sous les étoffes, et le carreau disjoint sous le tapis. Les orties, qui croissaient jusqu'au seuil du vestibule, furent arrachées. Le sable s'étendit partout aux abords de la maison. Les caisses d'arbustes furent disposées en massifs d'un aspect agréable, les plates-bandes reçurent des pots de fleurs. De grands vases de terre cuite d'une forme assez heureuse meublèrent de fleurs les coins du salon et les embrasures des fenêtres. Des candélabres et des lustres de même matière et d'une égale simplicité, mais dont le ton de glaise se mariait bien aux guirlandes de lierre qu'Adriani y enroula lui-même, prirent ce sentiment de la grâce que l'artiste sait donner aux moindres choses. Enfin, dans l'espace d'un jour, tout fut transformé comme par enchantement dans la demeure de Laure, et les ouvriers furent congédiés au coucher du soleil, afin qu'elle y retrouvât la solitude et le silence qu'elle aimait.

Comtois resta le dernier pour épousseter, pour enlever les brins de mousse et les feuilles de roses restées sur le tapis, pour allumer le feu parfumé de branches résineuses, pour donner aux draperies le coup de main du maître. Puis il se retira, assez satisfait des éloges d'Adriani, pour aller coucher à Mauzères et y annoncer son maître, qui n'avait pas encore pris le temps de s'y montrer. Pourtant Comtois, qui avait l'habitude de se plaindre, se plaignit dans son journal, comme on l'a vu au commencement de ce chapitre, d'être éreinté et de n'avoir rien à faire. Il ne fit aucune mention des embellissements du Temple. Ayant deviné très au-delà de la vérité, et commençant à ressentir pour *son artiste* une sorte d'attachement, il ne voulut pas gloser davantage sur ses amours. En outre, Comtois comptait pour rien d'avoir travaillé comme un nègre toute la journée, et ce qu'il appelait être utile à son maître eût consisté, selon lui, en dorloteries à sa personne, accompagnées de *conversations intéressantes.* La conversation était le rêve de Comtois, et toute préoccupation contraire de la part de ses maîtres lui paraissait constituer le délit d'ingratitude.

Quand Adriani se trouva seul dans le petit salon rajeuni et parfumé du Temple, il essaya le piano, qu'il avait fait tirer de sa caisse et replacer au centre de l'appartement. Le local était devenu moins sonore; le chant, plus voilé, semblait plus intime et plus mystérieux. Puis, accablé de fatigue, l'artiste se jeta sur une chaise dans un coin. Il ne voulait pas fouler le premier le divan de velours réservé à Laure. Il regardait l'ensemble de son ornementation, que vingt bougies allumées rendaient plus gaie. Il se rappelait le moment où il était entré en ce lieu après la fuite de Laure, et, comparant l'effroi et la détresse qu'il y avait éprouvés, à l'espoir et à la joie qu'il y apportait maintenant, il se regardait dans cette vie de quatre ou cinq jours comme dans un rêve.

— Et si elle n'arrivait pas! se dit-il tout à coup; si c'était elle qui fût malade!... un accident en voyage... non! mais la volonté de sa belle-mère, des ménagements, des devoirs...

Il imagina tout plutôt qu'un manque de foi; mais une terreur vague s'emparait de lui à chaque minute qui s'écoulait. Enfin, vers neuf heures, il entendit le roulement lointain d'une voiture. Il s'élança dehors.

Laure arrivait en effet. Elle avait trouvé au relais de poste les mulets de sa ferme conduits par le vieux Ladouze, qu'Adriani avait envoyé d'avance à sa rencontre pour l'amener par la traverse inévitable. S'il en eût eu le temps, Adriani aurait fait faire un chemin.

La surprise de Laure fut bien vive et bien douce quand elle vit le miracle accompli dans sa demeure. Quelques jours auparavant, elle ne s'en serait peut-être pas aperçue; mais elle vit tout par les yeux du cœur. Aucune prévoyance, aucune recherche ne lui échappa. En entrant dans le salon et en voyant le piano ouvert, elle chercha des yeux l'enchanteur.

— Où est-il donc? s'écria-t-elle.

— Monsieur... monsieur Chose? lui dit Mariotte, qui ne pouvait retenir aucun nom; il était là tout à l'heure, et il a bien travaillé toute la journée pour faire arranger tout ce que madame avait été acheter à la ville. Il a dit bien des fois : « Tâchez que madame soit contente! » Il s'est occupé de tout, même du souper qui attend madame; mais il m'a dit de ne mettre que deux couverts et il est parti; mais voilà ce qu'il m'a donné pour madame.

C'était un billet.

« Laure, lui disait-il, quand vous daignerez me recevoir, envoyez Mariotte par le sentier des vignes. »

— Tout de suite, dit Laure à Mariotte, courez! Et toi, chère Toinette, mets un troisième couvert.

Mariotte n'alla pas loin. Adriani attendait à l'entrée de la première vigne. Il n'exigeait pas, dans sa pensée, d'être appelé vite; mais du revers du coteau, il écoutait le doux bruit de l'arrivée de sa maîtresse, et il contemplait avec délices la petite lueur que l'éclairage de la maison faisait monter derrière les pampres noirs au sommet du ravin. Il se rappelait que si, le lendemain de son arrivée à Mauzères, il n'eût remarqué cette lueur et demandé à un garde-chasse si c'était le lever de la lune, il n'eût peut-être jamais connu Laure. C'était la réponse de cet homme qui lui avait fait ralentir le pas et entendre la voix pénétrante de la désolée.

Combien de fois, depuis, Adriani, en prenant ou en évitant le sentier, avait interrogé ce point rapproché de l'horizon, pour savoir si l'on dormait ou si l'on veillait au Temple? Bien peu de fois en réalité, puisque si peu de jours séparaient l'envahissement de cet amour de sa première éclosion; mais ces jours d'enivrement sont si pleins qu'ils semblent résumer des siècles.

Jusque-là la maison, peu éclairée, s'était signalée quelquefois à l'approche d'Adriani par un reflet si faible, que pour des yeux indifférens, il eût été insaisissable. En ce moment elle brillait comme un phare, malgré les rideaux dont il l'avait en quelque sorte voilée; mais le feu de la cuisine de Mariotte projetait sa lueur aux alentours, et c'était comme un heureux présage dans le ciel, comme un fanfare de vie dans l'habitation.

Adriani bondit de joie en voyant arriver Mariotte. Surprise dans l'obscurité elle poussa un cri si vigoureusement accentué que Laure l'entendit du salon, et facilement frappée de l'attente de quelque catastrophe comme celle qui lui avait enlevé Octave, elle sortit et courut impétueusement à la rencontre d'Adriani.

C'était la première fois depuis trois ans qu'elle éprouvait une émotion vive, produite par un fait extérieur, et que son corps engourdi reprenait le mouvement de la course. Elle tomba essoufflée, tremblante, dans les bras d'Adriani, mais rajeunie, en fait, des cent ans de langueur qui s'étaient amassés sur sa tête.

Ce fut, relativement au passé, le plus doux moment de la vie de l'artiste. Laure, revenue de son effroi, pleura, mais c'était de joie. Elle entraîna, d'un pas rapide, Adriani au salon. Elle regarda et admira tout naïvement, appuyée sur son bras, et s'extasiant comme eût fait une provinciale, mais comprenant comme une artiste en quoi le goût avait triomphé du manque d'élémens de luxe. Elle voulut voir aux flambeaux le parterre improvisé autour de la maison, et quand Mariotte annonça que le souper était servi, elle admira encore toutes les petites merveilles qui avaient rendu la salle à manger presque élégante et l'aspect de la table moins cénobitique. Comtois avait dépisté, chez le bric-à-brac de Valence, un service à peu près complet en vieille faïence ornée, très belle, et quelques autres objets provenant, selon toute apparence, de la saisie ou du pillage de quelque mobilier seigneurial à l'époque révolutionnaire, Mariotte avait lavé, frotté et un peu cassé toute la journée. En somme, la petite salle était riante, éclairée, séchée. Des bandes d'indienne à fleurs roses, attachées aux murs par quelques clous plantés à la hâte dans les corniches, cachaient l'affreux papier jaune d'ocre en lambeaux, et donnaient l'air de fraîcheur et de propreté qui est, en somme, le seul luxe nécessaire.

C'était toute une révolution dans la vie d'une femme qui, naguère, n'eût pas songé à faire replacer une vitre dont l'absence l'enrhumait à son insu, que d'accepter avec plaisir ce retour aux délicatesses de la vie. Les délicatesses de l'âme, dont celles de ce bien-être matériel étaient l'expression, touchaient profondément aussi cette veuve dont l'époux rude, lourd et stoïque avait raillé et presque méprisé les tendres prévenances. Adriani donnait à Laure le genre de soins qu'elle avait offerts en vain à Octave. Il aimait donc comme elle comprenait qu'on dût aimer.

Laure eut comme un attendrissement enjoué pendant le souper. Elle avait l'esprit aussi libre, aussi présent, que si elle n'eût jamais senti les atteintes d'une paralysie morale. Elle ne ressentait aucune fatigue de son voyage. Cependant elle était réellement fatiguée, et pendant le dessert, la joue appuyée sur sa main, l'œil appesanti sous ses longues paupières, la bouche rosée et souriante, elle s'assoupit au son de la voix d'Adriani qui causait gaiement avec Toinette.

— Ah! mon cher enfant, dit la pauvre Muiron en baissant la voix, que de folies vous nous faites faire! Mais aussi que de miracles vous savez faire! Si la marquise nous voyait là, tous trois, je crois que ses grands yeux d'émail nous changeraient en statues; mais, après tout, quoi qu'elle dise et quoi qu'il arrive, j'ai tant de joie de voir ma Laure guérie, que je danserais si je n'avais peur de la réveiller. Car elle dort, monsieur! Et voilà une chose qui ne lui est pas arrivée depuis son malheur, de s'assoupir avant trois ou quatre heures du matin! Si elle dort toute une nuit, je dirai que vous êtes magicien. Et voyez donc comme elle est belle! comme elle a l'air heureux! Elle a sa figure d'enfant. Elle était jolie comme cela dans son berceau. Ah! tenez, si elle se met véritablement à vous aimer, vous serez bien tout ce qu'il vous plaira, prince ou baladin, mais je vous aimerai aussi de toute mon âme pour me l'avoir sauvée.

La Muiron dit encore à Adriani bien des choses encourageantes. Elle lui raconta que la marquise avait déjà mainte fois tourmenté Laure depuis un an pour l'engager, non pas à se marier tout de suite, mais à en accepter l'idée, et elle l'avait fait obséder des hommages de plusieurs prétendants plus ou moins désagréables. Il y en avait eu pourtant deux *fort bien*, disait Toinette: jeunes, riches, aussi beaux garçons qu'Octave et plus civilisés. Laure avait été révoltée, indignée intérieurement de leurs prétentions. Elle les avait découragés dès le premier jour. Aussi, je désespérais de la voir jamais se consoler, ajoutait Toinette; je me demandais quel *demi-dieu* il fallait être pour lui ouvrir les yeux, et si vous y réussissez, je me dirai que vous êtes un dieu tout entier.

Lorsque Toinette sut, peu à peu, l'histoire d'Adriani, elle ne combattit plus ses espérances par d'inutiles appréhensions. Elle souhaita vivement que les préjugés de la marquise fussent comptés pour rien, et son rôle se concentra dans celui d'avocat et de panégyriste enthousiaste du jeune artiste auprès de sa belle maîtresse.

Des jours heureux, mais trop vite troublés, se levèrent sur la destinée d'Adriani. Laure lui avait fait promettre de ne lui adresser aucune question sur l'avenir pendant toute la semaine qu'elle venait lui consacrer. Elle consentait à l'écouter plaider la cause de son amour, à mettre sa soumission et son dévouement de tous les instants à l'épreuve. Etait-elle encore incertaine au-dedans d'elle même? Pouvait-elle résister à tant d'éloquence vraie, à tant d'attentions exquises, à tant de respects et de charmes d'intimité, que l'artiste sut mettre au service de sa passion? Et si elle n'y résistait plus intérieurement, si elle prenait confiance en elle-même, si elle associait son avenir au sien, pourquoi tardait-elle à le lui dire? Parfois Adriani, dont l'âme jeune et bouillante avait peine à s'identifier aux accablements de cette âme éprouvée s'imagina que Laure obéissait à un instinct de coquetterie légitime et retardait sa joie pour lui en faire sentir le prix. Il en fut heureux et fier: cette douce et naïve fierté de Laure lui semblait le réveil de la nature dans le cœur de la femme.

Mais il n'en était point encore ainsi. Laure était plus parfaite et moins heureuse qu'elle ne semblait. Elle ne faisait ni désirer ni attendre, elle attendait, elle désirait encore elle-même le réveil complet de son être. Il y avait en elle une ténacité singulière et difficile à vaincre, pour une situation donnée dans la vie morale. Aveuglément dévouée dans ses affections, elle savait si bien ne pouvoir plus se reprendre, qu'elle était réellement tremblante à la pensée de se donner. Elle se faisait de l'amour partagé, une si haute idée, qu'elle avait comme une terreur religieuse à l'entrée du sanctuaire. Plus jalouse d'elle même qu'Adriani ne se sentait fondé à l'être, elle craignait d'apercevoir dans ses souvenirs l'ombre d'Octave la disputant à un nouvel amour. Et comme chaque jour atténuait cette image pour grandir celle d'Adriani; comme chaque point de comparaison était à l'avantage triomphant et incontestable de ce dernier, elle se disait que, plus elle attendrait, plus elle serait digne de lui. Elle eût regardé comme un crime, envers cet amant si abandonné à son empire, de récompenser tant de flamme pure par une tendresse équivoque ou insuffisante. Non, non, lui dit-elle à la fin de la semaine promise, je ne veux pas vous aimer à demi. Une passion qui n'est pas payée par une passion équivalente est un supplice. A Dieu ne plaise que je vous le fasse connaître! Attendons encore. Ne sommes nous pas bien ici?

Adriani, qui craignait qu'elle ne parlât de séparation, la remercia avec ivresse. Elle prit son bras et lui dit:

— Sortons de l'enclos; vous me l'avez fait si joli et si précieux que je m'y trouve bien; mais je me souviens maintenant de m'y être enfermée volontairement par suite de je ne sais quelle manie monastique. Je veux secouer toutes ces lâches fantaisies. Venez, nous prendrons possession ensemble de ces collines où je ne me suis encore promenée qu'avec les yeux.

En marchant elle admira avec lui, au coucher du soleil, la beauté du pays environnant, et, du sommet d'une éminence, elle vit les tourelles de Mauzères.

— Cela me paraît bien joli, lui dit-elle, et c'est si près! Ah! pourquoi cela n'est-il pas à vous! nous pourrions passer l'automne dans ce pays. Nous nous verrions, comme à présent, tous les jours, sans scandaliser personne, et je crois que nulle part ailleurs nous ne serions aussi libres. Je ne crains pas l'opinion, moi, et je saurais la braver s'il le fallait; mais je n'aime pas les agressions inutiles et qui semblent provoquer l'attention. Le bonheur n'est pas arrogant. Il sait bien qu'on le jalouse et qu'il humilie ceux qui n'ont pas su le trouver. Le mien aimerait à se cacher, non par lâcheté, mais par modestie.

Mauzères sera à moi, se dit Adriani.

Dès le soir même, en se retrouvant auprès du baron, il amena la conversation avec lui sur les agrémens de sa propriété, feignant de s'intéresser beaucoup aux questions agricoles et domestiques qui partageaient sa vie avec le *commerce des Muses.*

Le baron tira de son sein un de ces problématiques soupirs qui n'appartiennent qu'aux propriétaires, et lui dit: « Hélas! mon ami, tout cela est bel et bon; mais le proverbe dit vrai: Qui a terre a guerre! Vous me croyez ici le plus heureux des hommes: eh bien! si je trouvais de ma propriété ce qu'elle vaut (je ne dis pas ce qu'elle m'a coûté en embellissements et réparations), je bénirais l'acquéreur qui me débarrasserait de mes soucis. »

Le baron hésita un peu avant de continuer; mais voyant qu'Adriani l'écoutait avec intérêt, — Je vais vous confier ma position comme à un ami, lui dit-il; je dois presque autant que je possède.

— Quoi, vous si sage? dit Adriani en souriant.

— Mon cher enfant, la poésie est un goût ruineux! vous l'ignorez, vous qui cumulez l'ode et le chant; mais sachez que les vers ne se vendent point et que les succès purement littéraires coûtent à un homme la bourse et la vie. Mes poëmes sont lus, mais si peu achetés qu'il m'a fallu faire tous les frais de publication, lesquels ne me sont jamais rentrés. Je n'ai pas voulu, en les offrant aux éditeurs, mettre ma renommée à la merci de leurs intérêts. J'ai beaucoup écrit, beaucoup imprimé, ne m'inquiétant pas d'encombrer la boutique des libraires, pourvu que la critique et le public fussent tenus en haleine, et que mon nom se fît au prix de ma fortune. Je ne m'en repens pas. J'ai préféré l'art à la richesse. N'ayant, Dieu merci, femme ni enfants, quel plus noble usage pouvais-je faire de mes biens que de les répandre dans mon hippocrène? J'aimais aussi le commerce des lettres. J'ai vécu à Paris, j'ai ouvert un salon, j'ai donné des dîners, des soirées littéraires. J'ai rendu des services aux artistes; j'ai voyagé pour retremper mon inspiration et pouvoir chanter *ex-professo* les merveilles de la nature et des antiques civilisations. Que vous dirai-je? on m'a cru riche parce que j'ai mangé mon fonds avec mon revenu et que j'ai eu la libéralité des vrais riches. Je n'avais pourtant qu'une fortune médiocre, et le peu qui m'en reste est grevé d'hypothèques; je vis encore honorablement; mais chaque année fait la boule de neige, et je serai bientôt forcé de vendre Mauzères, qui est tout ce que j'ai, pour payer le capital et les intérêts arriérés de mes dettes.

— Eh bien! vendez Mauzères sans attendre que le mal empire.

— Sans doute, sans doute! il faudrait le pouvoir!

— Qui vous en empêche?

— Ma fâcheuse position, qui est enfin connue dans le pays et qui fait qu'on attend le jour de l'expropriation pour acheter à meilleur compte. Et puis la baisse de prix que des intempéries particulières et des mortalités de bestiaux ont amenée dans nos localités et qui est si considérable que je me trouverais réduit à néant. Par exemple, Mauzères vaut trois cent mille francs; je ne le vendrais peut-être pas cent cinquante mille cette année. Je serais littéra'ement sans pain, puisque, devant deux cent mille francs, je n'aurais pas même de quoi désintéresser mes créanciers. C'est grave, je ne suis plus jeune, et s'il me fallait subir l'humiliation des poursuites, je me brûlerais la cervelle.

— Ainsi, en vendant Mauzères aujourd'hui trois cent mille francs, si cela était possible, vous auriez encore cent mille francs pour vivre?

— Je m'estimerais fort heureux, car, avec les intérêts, dont je paye seulement une partie, je n'ai pas ce revenu-là.

— Eh bien, mon ami, voulez-vous me vendre Mauzères?

— A vous, mon cher Adriani? Non! Pour la moitié de la somme qu'il me faudrait, vous trouverez en ce moment vingt propriétés dans ce pays-ci, qui seront de la même valeur.

— N'importe, dit Adriani, j'aime Mauzères et je paye la convenance: c'est rationnel et légitime.

Vous me sauvez! s'écria le baron. Mais il eut un scrupule d'honnête homme et se ravisa.

— Non, non! reprit-il; je ne dois pas vous laisser faire cette folie! vous avez deux motifs pour la faire : votre amour d'abord, je le devine de reste; et puis, la généreuse idée de sauver un ami!

— Ce sont deux excellents motifs, et je n'en connais pas de meilleurs sur la terre. N'en ayez pas de scrupule : Mauzères vaut, en dehors de votre position précaire et d'un moment de crise particulière à cette province, trois cent mille francs!

— Sur l'honneur!

— Vous l'avez dit, cela me suffit sans aucun serment de votre part; je ne vous interroge plus, je raisonne. Je dis donc que, dans deux ou trois ans (avant peut-être), cet immeuble aura recouvré toute sa valeur. Je ne serai donc point lésé, et le service que je vous rends peut être considéré comme une simple avance de fonds. Aimez-vous cette résidence? restez-y, et permettez-moi seulement de vous la solder et d'y demeurer avec vous.

— Non, non! dit le baron. Je brûle de vivre à Paris, je me rouille, je m'étiole ici. Oh! mes cinq mille livres de rente et Paris, voilà mon rêve depuis dix ans!

Il y eut cependant encore un certain combat de délicatesse entre les deux amis. Adriani insista si bien que le baron céda et laissa voir autant d'empressement pour vendre qu'Adriani en éprouvait pour acheter.

## XIV.

Dès le lendemain, Adriani et monsieur de West se rendirent à Tournon chez M. Bosquet, banquier et ami de celui-ci, qui, sur les preuves de solvabilité que lui fournit l'artiste, et sur la caution morale du baron, versa cent mille francs à ce dernier et s'engagea à satisfaire tous ses créanciers dans la huitaine, à la condition *qu'il serait subrogé dans leurs hypothèques sur la terre de Mauzères et dans le privilège du vendeur*, au cas où les fonds d'Adriani ne lui seraient pas encore remboursés.

Adriani était d'autant plus à même d'inspirer confiance entière, qu'il présentait à monsieur Bosquet une lettre de Descombes, datée du 12 septembre, et reçue à l'instant même, qui l'entretenait de sa situation financière et se résumait ainsi (c'était la réponse à une lettre que nous n'avons pas cru nécessaire de rapporter, dans laquelle Adriani, sans lui indiquer le mode de placement de ses fonds, lui disait rêver l'acquisition d'une maison de campagne) :

« Te voilà à la tête de cinq cent mille francs, et tu n'as point de dettes. Pour toi, c'est la richesse. Cependant, si tu étais tenté de doubler, de tripler peut-être ton capital, je me ferais fort d'y réussir avant peu de jours. Je résiste à la tentation devant ta philosophie et tes rêves champêtres. Achète donc une Arcadie, si tu la trouves sous ta main. Je tiendrai les fonds à ta disposition à ta première requête. »

Le soir, Adriani courut chez Laure. Elle ne s'était pas inquiétée de son absence durant la journée. Il l'avait prévenue par un billet, sans lui dire de quoi il était question ; mais elle avait trouvé le temps mortellement long, et elle se hâta de le lui dire avec la naïveté joyeuse d'un malade qui annonce à son médecin les symptômes évidents de sa guérison.

— Mauzères est à moi, lui dit Adriani en lui baisant les mains. Tant que vous voudrez rester au Temple, et toutes les fois que vous y voudrez revenir, je pourrai être là sous votre main, sous vos pieds, sans que mon bonheur d'être votre esclave soit trahi par des invraisemblances de situation.

Laure fut un instant partagée entre la reconnaissance et la crainte. C'était presque un mariage que cet arrangement, et elle se reprochait l'entraînement de la veille. Adriani la devina et se hâta de lui dire que cette affaire était pour lui un sage placement, et qu'en outre, elle rendait un grand service à M. de West.

— Si mon voisinage venait à vous inquiéter, ajouta-t-il, je n'habiterai jamais Mauzères sans votre ordre.

— Ah! mon ami, s'écria Laure en lui prenant les deux mains avec effusion, vous m'aimez trop! Que ferai-je pour le mériter ?

JOURNAL DE COMTOIS.

16 septembre 18...

Voilà bien de choses étonnantes. Mon artiste est riche. Il achète Mauzères, il tire des mille et des cents de sa poche, et monsieur le baron de West l'appelle son sauveur, quand il croit qu'on n'écoute pas ce qu'ils se disent. Je ne sais pas trop si je resterai ici, moi, au cas que M. Adriani veuille y rester longtemps. Je ne déteste pas la campagne ; mais, comme dit le baron, on s'y rouille beaucoup. Il est vrai que M. Adriani prendrait peut-être ma femme comme cuisinière et que je ferais élever mes enfants dans la campagne, ce qui me ferait une économie. Mais il faut voir comment ça tournera. Je ne peux pas croire qu'un artiste ait gagné tant d'argent par des moyens naturels. Celui-là est bien gentil et bien honnête homme, mais enfin ce n'est pas grand'chose.

LETTRE DE DESCOMBES A ADRIANI.

14 septembre.

« Je te disais, avant-hier, d'acheter ton Arcadie. Attends un peu. Je tiens une si magnifique opération qu'il faudrait être insensé pour ne pas t'y associer. Tu m'as dit de placer comme je l'entendrais, tout en me défendant de chercher à t'enrichir davantage ; mais il y a des coups de fortune qui sont des placements si sûrs, que je me reprocherais éternellement de ne t'avoir pas fait gagner cent pour cent quand je le pouvais. Dors tranquille ; demain ou après-demain, tu seras millionnaire. »

NARRATION.

Adriani dormit tranquille, après toutefois avoir répondu, courrier par courrier, à son ami pour lui confirmer la nouvelle qu'il avait acheté Mauzères et qu'il avait disposé sur lui d'une somme de trois cent mille francs, remboursable, dans la huitaine, à M. Bosquet, de Tournon. Son premier avis, daté du quatorze et parti de Tournon même, avait déjà dû parvenir à Descombes, au moment où il le lui réitérait.

Adriani, avec son désintéressement et sa libéralité, n'était pas une tête faible comme il plaît aux gens avides de qualifier indistinctement les caractères nobles et les imbéciles. Il s'était ruiné de gaîté de cœur dans la première phase de sa jeunesse, mais non pas sans avoir conscience de ses sacrifices. Il s'était jeté dans le plaisir, et, s'il eût fait ses comptes, il eût pu constater que ses entraînements avaient toujours eu un but d'amour, d'amitié ou de charité, de poésie ou de confiance chevaleresque, auprès duquel ses satisfactions matérielles n'avaient eu qu'une faible part dans le désastre.

Il s'était rendu compte de ses risques, il les avait affrontés et subis avec une philosophie enjouée. Il comprenait donc sa situation présente et ne se serait pas exposé à un risque nouveau, du moment que sa nouvelle fortune était à ses yeux un moyen de liberté dans le rêve de son amour. Il ne s'effraya pas de la lettre de Descombes, et cependant il se hâta de lui renouveler son injonction.

Il passa la journée du lendemain auprès de Laure. Elle était plus belle que de coutume et, en quelque sorte, radieuse. Chaque jour amenait un progrès immense. Elle se décida à chanter avec lui, et ce fut un ravissement nouveau pour l'artiste. Elle chantait, non pas avec autant d'habileté mais avec autant de pureté et de vérité qu'Adriani lui-même dans l'ordre des sentiments doux et tendres. Adriani savait à quoi s'en tenir sur le mérite des difficultés vaincues. La plupart des cantatrices de profession sacrifient l'accent et la pensée aux tours de force, et dans les salons de Paris ou de la province, la jeune fille ou la belle dame qui a su acquérir la roulade à force d'exercice, éblouit l'auditoire en écrasant, du coup, la timide romance de pensionnaire. A ces talents misérables et rebattus, Adriani préférait de beaucoup la chanson de la villageoise qui tourne son rouet ou berce son poupon. Il avait rarement éprouvé des jouissances complètes en écoutant les autres artistes ; il eût pu compter ceux qui l'avaient transporté par le beau dans le simple et par le grand dans le vrai. Il eut un de ces transports de joie en découvrant chez Laure un instinct supérieur et des facultés d'interprétation que les leçons avaient pu développer mais non créer en elle. Ce n'était pas la première élève de tel ou tel professeur faisant dire, à chaque effort de la manière : Je te connais, méthode ! — C'était une individualité adorable, qui s'était aidée de la connaissance scientifique suffisante pour se produire vis-à-vis d'elle-même, dans sa nature d'intelligence et de cœur. C'était une de ces puissances d'élite que, dans toute une vie, l'on rencontre tout au plus deux ou trois fois, pour vous faire entendre ce qu'on a dans l'âme.

Adriani fut heureux surtout de constater que cette individualité avait dû comprendre la sienne propre, jusque dans ses plus exquises délicatesses. C'est toujours une souffrance secrète pour un artiste que de se voir admiré et applaudi sur la foi d'autrui, ou par rapport à celles de ses qualités qu'il estime le moins. Jusque-là, il avait senti, chez Laure, une intelligence éclairée par le cœur autant que par des connaissances spéciales ; mais il ne savait pas qu'un génie égal au sien lui tenait compte de tous les trésors qu'il prodiguait dans le seul but de la distraire et de lui être agréable. Il se vit apprécié comme il ne l'avait jamais été par aucun public, et tout ce qu'il put lui dire fut de s'écrier :

— Ah ! j'ai trouvé ma sœur. Je deviendrai artiste !

Quelles heures délicieuses, quelles journées remplies, quelle fusion d'enthousiasme, quelle identification d'expansion sublime rêva l'artiste en descendant vers Mauzères par le sentier des vignes, au lever de la lune ! Des chœurs célestes chantaient dans les nuages pâles, et tous les échos de son âme étaient éveillés et sonores.

Il trouva le baron occupé à ranger ses papiers et à faire son triage définitif. Le brave homme était bien consolé de ne pouvoir intituler son volume :" *La lyre d'Adriani.* Il rêvait de faire le livret d'un opéra.

— Quel dommage que vous soyez riche ! dit-il à son hôte, vous seriez premier sujet à l'Opéra, et quel rôle j'ai là pour vous ! Il touchait tour à tour son front et les feuilles volantes de son sujet ébauché.

Adriani tremblait qu'il ne voulût lui en faire part. Heureusement le baron n'avait pas cette détestable pensée.

— Nous en reparlerons quand vous viendrez à Paris, reprit-il ; car vous ne passerez pas l'hiver ici ?

— Ce n'est pas probable, dit Adriani au hasard et pour le faire patienter.

— Oui, oui, je vous communiquerai cela là-bas, et vous me donnerez conseil. J'aurai préparé mon terrain. Je connais tout le personnel administratif et artiste des théâtres lyriques ; j'aurai un tour de faveur quand je voudrai. Tenez, mon enfant, vous ne m'avez pas seulement sauvé de ma ruine, vous avez fait ma fortune. Je périssais ici ; forcé de m'annihiler dans les soucis matériels, je n'avais plus d'inspiration ! Oh ! ne dites pas le contraire ! je le sais, je me connais, allez ! Eh bien, je vais refleurir au soleil de l'intelligence ! Je ne suis pas fait pour cette vie bourgeoise et rustique. Je me suis trompé quand j'ai cru que la solitude et le soleil du Midi me seraient favorables. Je suis une plante du Nord, moi, et je me sens étranger ici. Il me faut le brouillard mystérieux et le tumulte harmonieux des grandes villes ; il me faut la conversation, l'échange des idées, les émotions vigoureuses de l'art et les luttes de l'ambition littéraire. Vous verrez, vous verrez ! Débarrassé des sales paperasses d'huissier et de notaire, je vais m'élancer dans ma sphère véritable. J'aurai du succès, et de la gloire, et de l'argent ! car il en faut, voyez-vous, pour soutenir la dignité de l'art. Quand j'aurai fait gagner des millions aux entreprises théâtrales, tous ces gens-là croiront en moi, et je pourrai tenter des choses nouvelles, faire entrer le drame lyrique dans des voies inexplorées. C'est une mine d'or que les cent mille francs que vous m'avez mis là dans la poche, non pour moi, je n'y tiens pas, mais pour le progrès du beau et pour l'essor de la muse ! D'ailleurs, j'en veux, j'en dois gagner un peu pour moi aussi, de l'argent ! Je n'oublie pas que ceci est un prêt éventuel que vous m'avez fait. Si dans trois ans Mauzères n'est pas en situation d'être vendu trois cent mille francs, je vous le rachète au même prix, entendez-vous ? J'exige qu'il en soit ainsi !

Comtois écrivit à sa femme, entre autres renseignements :

« Ça ira bien si ça dure. *Il* aurait l'intention de me mettre à la tête de sa maison, et je ne serais plus valet de chambre, mais plutôt économe. Ma foi, j'en ris, mais il paraît qu'il faut servir les artistes pour faire son chemin ! »

Le baron s'endormit en rêvant la gloire et la fortune, Adriani en rêvant le bonheur et l'amour. A son réveil, l'artiste reçut des mains de Comtois la lettre suivante de Descombes :

« Ton avis arrive un jour trop tard. J'ai tout risqué, tout perdu ! Je t'ai ruiné, j'ai ruiné mon père et moi ! Mon père est parti ; moi, je reste. Oh ! oui, je reste, va ! Adieu, Adriani ! Ah ! tu avais bien raison ! ... »

Adriani ouvrit, en frémissant, une autre lettre. Elle était d'une certaine Valérie, maîtresse de Descombes :

« Accourez, M. Adriani. Il a pris du poison. On l'a secouru malgré lui. Il vit encore, mais pour quelques jours seulement. Je l'ai fait transporter chez moi, où je le tiens caché. Tout est saisi chez lui. Venez, car il a toute sa tête et ne pense qu'à vous. Vous lui procurerez une mort moins affreuse, car vous êtes généreux, vous, et il n'estime que vous au monde. Venez vite ; on dit qu'il ne passera pas la semaine. »

Adriani fut si accablé du malheur de son ami qu'il ne songea pas d'abord au sien propre. Il demanda sur-le-champ des chevaux, et pendant qu'on attelait, il courut au Temple. Ce fut seulement à moitié de sa course qu'il se rendit compte du désastre qui l'atteignait. Il n'avait rien dit au baron de ces horribles lettres. Personne n'avait pu lui rappeler qu'il devait 300,000 francs et qu'il ne lui restait rien. Ce fut donc un nouveau coup de foudre qui, ajouté au premier, l'arrêta comme paralysé, au milieu des vignes. — Mais je suis déshonoré et mort aussi, moi ! s'écria-t-il. Descombes n'a pas tué que lui-même : il a tué mon amour, mon avenir, ma vie ! Que vais-je devenir ?

Il se laissa tomber sur le revers d'un fossé ombragé et se prit à pleurer son espérance avec un désespoir d'enfant. — Le malheureux ! se disait-il, il a tué Laure aussi. Je l'avais presque guérie, je l'aurais sauvée, et la voilà seule pour jamais. Qui l'aimera comme moi, qui la convaincra comme j'aurais su le faire ? Qui sera libre, comme je l'étais, de lui consacrer des années de patience et toute une vie de bonheur ? Qui la comprendra ? Qui lui pardonnera d'avoir aimé ? qui la devinera et la jugera capable d'aimer encore ? Oui, Laure est perdue, car il faut qu'elle retombe dans son morne désespoir ou qu'elle accepte l'amour d'un homme sans ressources et sans fierté : un homme taré par le plus fatal hasard... Un hasard auquel personne ne croira peut-être ! ... Un banqueroutier, moi aussi !

Il se calma en arrêtant sa pensée sur ce dernier point. Personne ne pouvait l'accuser d'avoir spéculé sur une prétendue fortune, puisqu'il n'avait pas touché une obole pour son compte. Il lui serait facile de le prouver. Le froid public qui assiste en amateur aux désastres de la réalité, rirait de son aventure. On dirait : « Voilà un pauvre diable qui s'est cru seigneur du jour au lendemain, et dont le réveil est fort maussade. » Ce serait tout. Mais quel triste personnage allait jouer l'amant, presque le fiancé de la jeune marquise ! Comme on allait l'accuser de se rattacher à elle pour réparer sa *débâcle* par un *bon* mariage ! Quel blâme, quelle ironie la noble famille de Laure, la vieille marquise en tête, allait déverser sur elle et sur lui ! Sur lui, il pourrait aisément braver ces orgueilleux provinciaux ; mais l'humiliation et le ridicule atteindraient la femme assez insensée pour s'attacher à un aventurier, à un intrigant. Ce ne serait pas en des termes plus doux qu'on ferait mention d'Adriani : il devait s'y attendre et s'y préparer.

L'idée lui vint que la terre de Mauzères n'avait pas fondu dans le cataclysme, qu'elle était toujours là pour garantir le banquier de Tournon et rendre au baron l'existence précaire, mais encore possible, qu'il avait eue la veille ; mais cette consolation ne tint pas contre la réflexion. Le banquier avait prêté une somme double de la valeur actuelle et peut-être future de l'immeuble. Il se repentirait amèrement de sa confiance ou de sa précipitation. Il exigerait du baron, comme une compensation encore insuffisante, le remboursement des cent mille francs qu'il lui avait versés. Le baron, chevaleresque à l'occasion, serait le premier à vouloir s'en dépouiller. Ainsi, par le fait, le vendeur se trouverait ruiné, et le prêteur encore lésé.

Cette solution est impossible, pensa le malheureux artiste. Elle me laisse odieux et honni ; elle me fait lâche et coupable si, par mon travail, je ne répare pas cette catastrophe.

Une fois sur ce terrain, Adriani ne pouvait se faire d'illusions sur les moyens de regagner rapidement cette somme relativement immense. Il était là dans sa partie et fort de sa propre expérience. La vie modeste et facile du compositeur qui avait chanté *gratis* sa musique n'avait plus rien de possible. Il lui faudrait donner des concerts et courir le monde, non plus en amateur, mais en homme qui spécule sur les amitiés et les relations honorables formées en d'autres temps. Ce moyen lui parut non-seulement gros d'humiliations, mais encore extrêmement précaire. Il s'était donné, prodigué généreusement. Bien peu de gens sont assez reconnaissants pour payer, après coup, le plaisir qu'ils ont eu pour rien. La moindre réclamation directe à cet égard serait odieuse à un homme de son caractère. Les plus nobles virtuoses ne se dissimulent pas qu'un concert est un impôt prélevé sur la bourse de chacune de leurs connaissances et qu'il n'y faut pas revenir trop souvent, ou se résigner à ne pas voir sourire tous les visages, à la vue de billets qu'on n'ose pas refuser. D'ailleurs, Adriani ne savait pas et ne saurait jamais organiser lui-même un succès rétribué. Il devait sa célébrité à sa modestie et à son désintéressement encore plus qu'à son génie, car fort peu de gens comprennent et cherchent le génie ; il faut les éblouir par une certaine mise en scène pour les attirer. Le *pouf* était aussi inconnu qu'impossible à Adriani.

Une seule porte s'ouvrait devant lui, celle du théâtre. Là, le succès est tout organisé d'avance, dans un but collectif, pour tout artiste dont la valeur est cotée aux dépenses de l'administration. Là, en trois ans, avec des congés, Adriani pouvait gagner trois cent mille francs, car il pourrait aussi donner des leçons à un prix très élevé, dès qu'il se serait popularisé ; et là seulement il sortirait de la gloire à huis clos qu'il avait préférée à l'éclat de la scène ; là enfin il serait exploité au profit d'une entreprise commerciale et n'appartiendrait réellement au public que sous le rapport du talent. Ce n'est pas lui directement qu'on viendrait payer à la porte. On y achèterait bien, comme l'avait dit la vieille marquise, le droit de le siffler ; mais, du moins, il ne l'aurait pas vendu en personne et à son profit purement individuel.

— Il en est temps encore, se dit-il ; les offres qu'on m'a faites sont toutes récentes : voilà mon devoir tracé. C'est la mort de l'artiste peut-être, car ma vocation n'était pas là, mais c'est le salut de l'homme.

Il se leva pour aller annoncer sa résolution à Laure.

Elle me plaindra, pensait-il, mais elle m'encouragera. Elle comprendra que mon honneur, ma conscience, exigent que je m'éloigne, et peut-être que...

Il s'arrêta glacé, att... se souvenait que Laure, en lui parlant d'... ni, alors qu'elle ne connaissait encore que d'Argères, avait fait un grand mérite à l'artiste de n'avoir jamais voulu se vendre au public. Lui-même ensuite s'en était vanté, et il avait été très évident pour lui, en plusieurs circonstances, que Laure éprouvait une véritable répugnance pour la profession qu'il allait embrasser.

Cela tenait-il à un préjugé fortement ancré dans les mœurs de sa caste, dans sa dévote famille particulièrement ? Avait-elle sucé ce préjugé avec le lait et le conservait-elle, à son insu, tout en méprisant les préjugés en général ? N'était-ce pas plutôt un résultat de son caractère concentré, modeste, un peu sauvage, qui lui faisait regarder avec effroi et dégoût les provocations du talent à l'applaudissement de la foule ? Il est certain qu'elle faisait mystère du sien propre, qu'elle adorait la discrétion de celui d'Adriani vis-à-vis du vulgaire, et qu'elle lui avait dit vingt fois, quand il s'était défendu d'égaler les grands chanteurs de notre époque : Ah ! laissez, laissez ! des acteurs ! Ils ont tout donné à tout l'univers ! Il ne leur reste plus rien dans l'âme pour ceux qui les aiment !

Laure se trompait. Les vrais grands artistes ont en réserve des diamants cachés, dont la mine est inépuisable ; mais elle ne les avait pas assez fréquentés pour le savoir, et elle était d'ailleurs disposée à une tendre jalousie dans l'art comme dans l'amour.

Et puis, quelle lutte il lui faudrait engager avec sa famille pour s'attacher à la destinée d'un comédien, puisque déjà elle était presque maudite par sa belle-mère pour s'être affectionnée envers le moins comédien de tous les virtuoses ! Ce ne serait plus le blâme de l'orgueil nobiliaire : ce serait l'anathème religieux le plus absolu, le plus foudroyant. Jamais il n'y aurait de retour possible. Qu'elle eût dit d'un acteur : Oui, je l'aime ! elle était pour jamais repoussée, seule avec lui dans le monde.

Elle est capable de ce sacrifice, pensa-t-il ; mais sais-je seulement si elle m'aime ? Et si cela est, qu'ai-je fait jusqu'ici pour elle ? Quel droit ai-je acquis à son dévouement pour aller le lui imposer ? Non, si elle me l'offrait en ce moment, je serais lâche de l'accepter. Si j'eusse été engagé à l'Opéra il y a trois semaines, aurais-je eu seulement la pensée de m'offrir à elle pour me charger de sa destinée ? Je me serais cru imprudent d'y songer. Et à présent, de quel front irai-je lui dire : Je ne suis pas libre, je ne m'appartiens plus, je n'ai même pas de quoi vous faire vivre de mon travail, puisque je suis esclave d'une dette d'argent autant qu'esclave du public et du théâtre. Tout ce que je vous ai affirmé est un rêve, tout ce que je vous ai promis est un leurre. Suivez-moi, sacrifiez-moi tout ; je n'ai aucune protection, aucune indépendance, aucun repos, aucune solitude, aucune intimité à vous donner en échange ; je n'ai même pas cette pure et modeste gloire que vous chérissiez. Venez, aimez-moi quand même, parce que je vous désire. Soyez la femme d'un comédien !

Toutes ces réflexions, toutes ces douleurs se succédèrent rapidement. Il jeta un dernier regard sur les plus hautes branches du coteau, celles qu'il connaissait si bien comme les plus voisines du Temple. Il arracha une touffe de pampres, la froissa, la couvrit de baisers et la jeta devant lui, s'imaginant que Laure y poserait peut-être les pieds ; puis il cacha son visage dans ses mains et s'enfuit comme un fou, retenant les sanglots dans sa poitrine et s'étourdissant dans la fièvre de sa course.

Il trouva la voiture prête dans la cour de son fatal château de Mauzères, et Comtois, qui l'attendait, joyeux d'aller revoir *son épouse et sa petite famille*. Il monta dans sa chambre et écrivit à la hâte ces trois lignes :

« Laure, un de mes plus chers amis se meurt
» d'une mort affreuse. Il me demande ; je ne puis
» différer d'une heure, d'un instant. Je vous
» écrirai de Paris ; je vous dirai… »

Il n'en put écrire davantage ; il effaça les trois derniers mots, signa et envoya un exprès. Puis il passa chez le baron, qui venait de s'habiller et qui, pâle, tremblant, tenait un journal ouvert. Adriani comprit qu'il savait tout. Le baron bégaya, n'entendit pas ce que lui disait l'artiste, et, tout à coup, se jetant dans ses bras.

— Ah ! mon pauvre enfant ! s'écria-t-il, vous êtes perdu, et moi aussi ! Mais c'est ma faute ! Ah ! les voilà, ces biens de la terre ! Leur source est impure et ils ne profitent pas aux honnêtes gens. Pourquoi les poëtes et les artistes veulent-ils posséder ? Leur lot en ce monde a toujours été et sera toujours d'errer comme Homère, une lyre à la main et les yeux fermés !

— Rassurez-vous sur votre compte et sur le mien, mon ami, répondit l'artiste en l'embrassant. Mon désespoir est assez grand ; ne l'aggravons pas par de vaines craintes ; vous n'êtes pas ruiné, ni moi non plus. Mon avoir est resté intact. J'avais défendu au pauvre Descombes d'en disposer.

— Non, vous dites cela pour rassurer ma conscience. Courons chez Bosquet, et rendons-lui cet à compte.

— Laissez donc ! dit Adriani en remettant le portefeuille dans les mains de son ami ; je vous donne ma parole d'honneur que M. Bosquet sera soldé dans huit jours et que je serai propriétaire de Mauzères comme vous de vos cinq mille livres de rente. Allons, du courage ! je verrai Bosquet en passant à Tournon ; je le tranquilliserai s'il est inquiet. Achevez vos emballages et venez me rejoindre à Paris. Je ne puis vous attendre un seul jour : mon pauvre ami respire encore et m'attend. D'ailleurs, je suis trop accablé pour être un agréable compagnon de voyage.

## XV.

Adriani partit les yeux fermés, non pas qu'il songeât au précepte du baron, mais parce qu'il craignait de voir arriver Toinette ou Mariotte par les vignes. Il trouva M. Bosquet atterré de la faillite Descombes, dont le contre-coup lui causait un assez grave préjudice. C'était un homme impressionnable et encore inexpérimenté dans les affaires. Il était si troublé qu'il comprit peu ce que lui disait son débiteur. Adriani n'eut pas de peine à le tranquilliser. Bosquet connaissait la probité du baron ; il avait pris hypothèque, et quand il aurait dû perdre une cinquantaine de mille francs sur la vente de Mauzères, il était de ceux qui croyaient aux grands succès, partant aux grands profits littéraires de M. de West. D'ailleurs il venait de faire une perte beaucoup plus importante dans la faillite de Descombes, une perte certaine. Celle qu'il risquait avec Adriani était moindre et lui laissait de l'espoir. Elle ne l'émut pas comme elle l'eût fait la veille, et, bien que l'artiste ne lui donnât aucune garantie, il ne l'humilia par aucun doute blessant.

Le rapide voyage d'Adriani lui parut être un siècle d'angoisse et de douleur. La certitude d'être forcé de renoncer à Laure constituait à elle seule une telle amertume, que le reste lui en paraissait amoindri. Du moins, tout ce qui pouvait faire échouer ses projets de travail et de réhabilitation ne se présenta pas trop à sa pensée. C'était bien assez de pleurer le passé, sans se préoccuper de l'avenir. Tout était flétri et désenchanté dans la vie morale et intellectuelle de l'artiste.

Il entra à Paris dans le brouillard gris du matin, comme un condamné qui se dirige vers l'échafaud et qui ne voit pas le chemin qu'on lui fait prendre. Il descendit chez Valérie. Descombes respirait encore, mais les sourds gémissemens de l'agonie avaient commencé. Il se ranima en reconnaissant son ami et put lui dire à plusieurs reprises : Pardonne-moi ! pardonne-moi ! Adriani réussit à lui faire comprendre, à lui faire croire que la somme fatale n'avait pas été versée par Bosquet, et que sa ruine n'avait aucune des conséquences funestes qui, sur toutes choses, tourmentaient le moribond ; mais le malheureux Descombes, tout en exhalant ses derniers souffles, avait encore toute sa tête, toute sa mémoire. Il sentit qu'Adriani le trompait pour le consoler.

— Généreux ! lui dit-il avec un regard de douleur suprême.

Puis sa raison se perdit tout à coup ; il cria des mots d'argot de la bourse, vit des chiffres formidables passer devant ses yeux, et s'efforça de les effacer avec ses mains convulsives ; puis il se prit à rire, disant : La misère !... l'art !... Je suis peintre !... Ce furent ses dernières paroles. Ses dents craquèrent dans d'affreux grincemens. Il expira.

Adriani demeura atterré auprès de ce lit de mort, qui était celui de sa propre destruction morale. Valérie l'emmena dans son salon.

— Adriani, lui dit-elle, je suis consternée et navrée. Pourtant ma douleur ne peut se comparer à la vôtre : Descombes ne m'a pas aimée. Excepté vous le malheureux n'aimait plus rien ni personne. Il avait peut-être raison ! Il méprisait ses propres plaisirs, et les payait magnifiquement, sans y attacher aucun prix. Ce que je possède me vient de lui. Eh bien ! prenez tout ce qu'il y a ici. Je n'ai jamais su garder l'argent mais tout ce luxe, c'était à lui. Il ornait cette maison, non pour m'être agréable, mais pour y rassembler ses amis et y causer d'affaires en ayant l'air de s'y amuser. Bien que tout cela soit sous mon nom, je crois, je sens que c'est à vous : à vous le seul dépouillé que j'estime et que je plaigne, car les autres le poussaient à sa perte, et, après avoir excité et partagé sa fièvre, ils l'ont tous maudit et abandonné. Vous, qui ne ressemblez à personne, restez ici, vous êtes chez vous.

Valérie ajouta en pâlissant :

— J'en sortirai si vous l'exigez.

Adriani se savait aimé de Valérie. Il avait résisté à cette sorte d'entraînement qu'un sentiment énergique, quelque peu durable qu'il puisse être, exerce toujours sur un jeune homme. Il n'avait pas voulu tromper Descombes, Valérie le savait bien ; elle savait bien aussi qu'il n'accepterait pas ses sacrifices, bien qu'elle en fit l'offre avec une sincérité exaltée ; mais ce qu'elle ne savait pas, c'est que le cœur d'Adriani était mort pour les affections passagères.

— Vous ne pensez pas à ce que vous dites, ma pauvre enfant, lui répondit-il avec douceur. En tout cas, ce serait trop tôt pour le dire. N'attendrez-vous pas que ce malheureux, qui est là, soit sorti de votre maison pour l'offrir à un autre.

— Ah ! vous ne me comprenez pas, dit-elle humiliée, et se hâtant de faire, par amour propre, encore plus qu'elle n'en avait résolu d'abord ; vendons tout, prenez tout, et ne m'en sachez aucun gré ; je serai consolée si je vous sauve.

— Bien, Valérie ! ayez de tels élans de cœur, et rencontrez un honnête homme qui les accepte ! mais je ne puis être cet homme-là.

— Mais qu'allez-vous devenir ?
— Je m'engage à l'Opéra.
— Vous ?
— Oui, moi, et dès aujourd'hui. Il le faut.
— Ah ! je comprends ; vous devez la somme. Eh bien, hâtez-vous : on est en pourparler avec Lélio. Attendez ! oui, à cinq heures Courtet viendra ici. ( Elle parlait d'un personnage des plus influens dans les destinées du théâtre. ) Il ignore comme tout le monde que Descombes était ici. J'ai dû le cacher pour le soustraire aux poursuites et aux reproches. Eh bien, je saurai où en sont les affaires qui vous intéressent.

Valérie n'ajouta pas qu'elle avait sur Courtet une influence d'autant plus irrésistible qu'il la poursuivait depuis quelque temps et qu'elle ne lui avait encore rien promis. Elle sentait bien qu'Adriani rejetterait son assistance ; mais elle crut devoir lui donner un conseil qu'il reconnut très sage.

— Gardez-vous de faire connaître votre position à ces gens-là, lui dit-elle. Si vous voulez un engagement de cinquante ou soixante mille francs, feignez de n'avoir pas le moindre besoin d'argent. Soyez réellement propriétaire d'un château dans le Midi ; que la faillite Descombes ne vous ait pas atteint. Je dirai que vous avez un million : autrement, on vous offrira vingt mille francs. Il n'y a que les riches qu'on paye cher, vous le savez bien.

Adriani promit de revenir à cinq heures. Il courut chez ses connaissances pour s'informer de son côté, et cacha son désastre avec d'autant moins de scrupule que c'était une tache de moins sur la mémoire du pauvre Descombes. Il apprit avec terreur chez Meyerbeer que l'Opéra avait fait choix de son premier ténor et que le traité devait être signé dans la journée.

Il le fut, en effet, mais à sept heures, chez Valérie, entre le directeur, que Courtet manda à cet effet, séance tenante, et Adriani, pour trois ans, et moyennant soixante-cinq mille francs par année. Ce que les influences les plus compétentes et les intérêts les plus déterminans eussent pu débattre long-temps sans succès, comme de coutume, l'ascendant d'une femme l'emporta d'assaut.

Valérie retint les deux administrateurs à dîner. Adriani voulait s'enfuir.

— Restez, lui dit-elle. Demain tout Paris saura que Descombes est mort, et qu'il est mort chez moi. Dès que son pauvre corps sera enlevé, j'avouerai la vérité. Jusque-là, je crains qu'on ne vienne me tourmenter. J'ai eu soin de recevoir comme de coutume. La chambre était assez isolée pour qu'on ne se doutât de rien ; mais aujourd'hui, voyez-vous, la force me manque, j'ai froid, j'ai peur ; je crains de me trahir ; je sortirai après dîner, je ne rentrerai que demain. Laisser un mort tout seul, pourtant ! Je suis bien sûr que mes gens n'oseront pas rester. S'il est seul, il faudra bien que je reste ! Mais j'en deviendrai folle... Ayez pitié de moi.

Adriani resta, et quand il fut seul avec le corps de son malheureux ami, il souffrit moins que pendant cet affreux dîner où il ne fut même pas question d'art, mais d'affaires, de projets et de nouvelles du monde. Il se jeta sur un divan et dormit pendant quelques heures. Il s'éveilla au milieu de la nuit. L'appartement était complètement désert et fermé. Des bougies brûlaient dans la chambre mortuaire, dont les portes restaient ouvertes sur une petite galerie sombre remplie de fleurs. Aucune cérémonie religieuse ne devait avoir lieu pour le suicidé. Il avait formellement défendu qu'on présentât sa dépouille à l'église, sachant qu'en pareil cas on nie le suicide pour fléchir les refus du clergé, et voulant que personne ne pût douter du châtiment qu'il s'était infligé à lui-même. Cependant Valérie, obéissant à ses impressions d'enfance, avait placé un crucifix sur le drap blanc qui dessinait les formes anguleuses du cadavre ; mais aucune de ces prières qui sont, à défaut de foi vive, le dernier adieu de la famille et de l'amitié, ne troublait le morne silence de cette veillée funèbre.

Adriani pria pour l'infortuné comme il savait

prier. Il eut vers Dieu des élans de cœur véritables, des attendrissemens profonds et des effusions d'espérance, qui font, en somme, le résumé de toute invocation sincère. Il avait cette superstition pieuse et peut-être légitime, de penser qu'une âme qui s'en va seule dans la sphère inconnue aux vivans a besoin, pour rejoindre le foyer d'où elle est émanée, de l'assistance des âmes dont elle se sépare ici-bas. Les rites des religions ne sont pas de vains simulacres; les chants, les pleurs, toute cérémonie qui accompagne la dépouille de l'homme d'une solennité extérieure est l'expression de cette assistance au-delà de la mort.

Adriani sut gré à Valérie de lui avoir confié le soin de remplacer tout ce qui manquait au suicidé. Une immense pitié, un pardon sans bornes, s'étendirent sur lui, et le cœur d'Adriani s'offrit à Dieu comme la caution de la réhabilitation de l'infortuné dans un monde meilleur ou dans une série de nouvelles épreuves. Ce pardon, il le lui avait exprimé à lui-même, mais ce n'était pas assez. Dans une nuit de recueillement et de méditation, Adriani put s'interroger, se dépouiller pour l'avenir comme pour le passé de tout levain d'amertume, et prononcer sur cette tombe l'absolution complète que le prêtre n'eût pas osé accorder.

Puis, ranimé et fortifié par la conscience de sa grandeur d'âme, Adriani se rattacha à sa propre destinée par le sentiment du devoir. Il se dit que l'homme est condamné au travail, non pas seulement à celui qui amuse et féconde l'esprit, mais encore à celui qui fatigue et déchire l'âme. Il ne se dissimula pas que la société devait tendre à rendre le fardeau plus léger pour tous; que l'état parfait serait celui qui établirait un équilibre entre le plaisir et la peine, entre le labeur et la jouissance; mais, en face d'une société où trop de mal pèse sur les uns et trop peu sur les autres, il comprit que le choix de l'âme fière et courageuse devait être parmi les plus chargés et les plus exposés. Il vit en face, sur les traits contractés et déjà hideux du spéculateur, les traces du travail excessif mais anormal qui consiste à faire servir d'enjeu, dans une lutte ardente et folle, l'argent, signe matériel et produit, irrécusable à son origine, du travail de l'homme. Il entoura d'une compassion tendre la mémoire de son ami; mais il condamna son œuvre, source d'illusions, d'orgueil et de démence, poursuite de réalités qui sont le fléau du vrai, le but diamétralement opposé à la destinée de l'homme sur la terre et aux fins de la Providence.

Et quand il pensa à son amour, il se demanda s'il eût été digne d'en savourer sans remords l'éternelle douceur. Il lui sembla que, pour embrasser et retenir l'idéal, il fallait avoir souffert et travaillé plus qu'il n'avait fait. Voilà pourquoi j'ai aimé Laure avec idolâtrie dès les premiers jours, se dit-il : c'est qu'elle avait bu le calice de la douleur et que je la sentais digne d'entrer dans le repos des félicités bien acquises; et voilà aussi pourquoi elle ne m'a pas aimé de même; voilà pourquoi elle a hésité, et pourquoi, malgré ses propres efforts, elle a été préservée de ma passion. Je ne la méritais pas, moi qui n'avais cueilli dans la vie d'artiste que des roses sans épines; je n'avais pas reçu le baptême de l'esclavage; je ne m'étais en fait immolé à rien et à personne. Elle sentait bien que je n'avais pas, comme elle, subi ma part de martyre et que je n'étais pas son égal.

Il lui écrivit sous l'impression de ces pensées, et l'informa de toute la vérité, en lui disant un éternel adieu.

Là, son âme se brisa encore. Il ne reprit courage qu'en regardant encore le front dévasté de Descombes et sa bouche contractée par le désespoir jusque dans le calme de la mort. Allons, se dit-il, mieux vaut encore ma vie désolée pour moi seul, que cette mort désolante pour les autres.

Il suivit seul le convoi de cet homme dont tant de gens recherchaient naguère l'opulence, l'audace et le succès.

Puis, il prit un jour de repos, et se prépara, par l'étude, à son prochain début. La place était vide depuis un mois. On lui donnait quinze jours pour être prêt à débuter dans *Lucie*.

Il dut pourtant s'occuper de régler sa position. Il était lié avec des gens de toutes conditions, et, dans le nombre, il pouvait choisir le capitaliste qui regarderait sa probité, son énergie et son talent réunis, comme une caution infaillible. Il s'adressa à celui dont il était le mieux connu et le mieux apprécié, lui confia son embarras, et lui demanda trois cent mille francs escomptés sur trois années de sa vie. On refusa de saisir d'avance ses appointements; on se contenta de prendre hypothèque sur Mauzères. La somme fut envoyée à M. Bosquet dans le délai de la promesse qui lui avait été faite, et Adriani reçut, en échange, ses titres de propriété sur la terre et châtellenie de Mauzères. Quand cette affaire fut réglée, Adriani respira un peu, et se dit naïvement qu'au milieu de son malheur son étoile ne l'abandonnait pas. Il ne songea pas à se dire que pour inspirer tant de confiance, il fallait être, comme talent et comme caractère, aussi capable que lui de la justifier.

Le jour du début arriva. Adriani était tranquille et maître de lui-même, mais mortellement triste au fond du cœur. Il n'avait pas eu à organiser son succès. La direction même n'avait pas eu lieu de s'en préoccuper. Le monde entier, comme s'intitule la société parisienne, accourait de lui-même, prévenu d'avance en faveur de l'artiste, résolu à le soutenir en cas de lutte, curieux aussi de le voir sur les planches, et avide de pouvoir dire, en cas de succès : C'est moi qui le protége. La jeunesse dilettante qui envahit ce vaste parterre savait l'histoire d'Adriani, sa récente fortune, sa ruine, sa résignation, sa conduite envers Descombes; car, en dépit de tous ses soins, la vérité s'était déjà fait jour. On connaissait donc son caractère, et on s'intéressait à l'homme avant d'aimer l'artiste.

La musique de *Lucie* est facile, mélodique, et porte d'elle-même le virtuose. Un grand attendrissement y tient lieu de profondeur. Cela se pleure plutôt que cela ne se chante, et, en fait de chant, le public aime beaucoup les larmes. Adriani, dont les moyens étaient immenses, ne redoutait point cette partition, et savait qu'il n'y avait pas à y chercher autre chose que l'interprétation de cœur trouvée par Rubini. Il savait aussi que le public de l'Opéra français exige plus de jeu chez l'acteur, et ne comprend pas toujours que la douleur soit plus belle dans l'âme que dans les bras. Quand Rubini pleure Lucie, la main mollement posée sur sa poitrine, les gens qui écoutent avec les yeux le trouvent froid ; ceux qui *entendent* sont saisis jusqu'au fond du cœur par cet accent profond qui sort des entrailles, et qui, sans imitation puérile des sanglots de la réalité, sans contorsion et sans grimace, vous pénètre de son exquise sensibilité. C'est ainsi qu'Adriani l'entendait ; mais il était sur la scène du drame lyrique. Il lui fallait trouver ce qu'on appelle en argot de théâtre des *effets*. Il le savait, et il en avait entrevu de très simples, que son inspiration ou son émotion devait faire réussir ou échouer. Ayant cherché dans le plus pur de sa conscience d'artiste, il se fiait à sa destinée.

Il arriva donc à sa loge sans aucun trouble et attendit le signal sans vertige. L'homme qui a veillé avec toute sa capacité et toute sa volonté à l'armement de son navire, s'embarque paisible et se remet aux mains de la Providence, préparé à tout événement. Adriani était préservé par son caractère, par son expérience, par sa tristesse même, de la soif de plaire, de la rivalité de talent, de l'angoisse du triomphe, tourments inouïs chez la plupart des artistes. Il ne voyait dans le combat qu'il allait livrer que l'accomplissement d'un devoir inévitable, le sacrifice de sa personnalité, de ses goûts, l'abnégation de son juste orgueil et de sa chère indépendance. C'était bien assez de mal, sans y joindre les tortures de la vanité.

Costumé, fardé, assis dans sa loge, entouré de ses plus chauds partisans et de ses amis les plus dévoués, il était absorbé par une idée fixe.

— Adieu, Laure ! adieu, amour que je ne retrouverai jamais ! disait-il en lui-même. Dans cinq minutes, quand le rideau de fausse pourpre aura découvert mon visage, ma personne, mon savoir-faire, mon être tout entier aux yeux de l'assemblée, ton ami, ton serviteur, ton amant, ton époux ne sera plus pour toi qu'un rêve évanoui dont le souvenir te fera peut-être rougir. Ah ! puisse-t-il ne pas te faire pleurer ! Puisses-tu ne m'avoir pas aimé ! Voilà le dernier vœu que je suis réduit à former !

On lui demandait s'il était ému, s'il se sentait bien portant, si son costume ne le gênait pas, s'il n'avait pas quelque préoccupation dont on pût le délivrer dans ce moment suprême. Il remerciait et souriait machinalement, mais les questions qui frappaient son oreille se transformaient dans sa rêverie. Il s'imaginait qu'on lui demandait : Est-ce que vous ne vous en consolerez pas ? Est-ce que vous pouvez penser à elle dans un pareil moment ? Et il répondait intérieurement : Je suis sous l'empire d'une fatalité étrange ; je ne vois qu'elle, je ne pense qu'à elle, je n'aime qu'elle, et je ne crois pas pouvoir aimer jamais une autre qu'elle.

On l'appela. Le directeur le saisit dans l'escalier, lui toucha le cœur en riant et s'écria : « Tranquille tout de bon ? C'est merveilleux ! C'est admirable ! — Je le crois bien ! pensa l'artiste en continuant à descendre : c'est un cœur mort ! »

Cette idée remua et ranima tellement ce qu'il croyait être le dernier souffle de sa vie morale, qu'il entra en scène sans se rappeler un mot, une note de ce qu'il allait dire et chanter. Bien lui prit de savoir si bien son rôle et sa partie que les sons et les paroles sortaient de lui comme d'un automate. Les premiers applaudissements le réveillèrent. Sa beauté, son timbre admirable, la grâce et la noblesse de toute sa personne, qui donnaient naturellement l'apparence de l'art consommé à tous ses mouvements, ravirent le public avant qu'il eût fait preuve de talent ou de volonté. Allons, se dit-il avec un amer sourire, mes amis sont là et souffrent de me voir si tiède! Aidons-les à me soutenir. Et puis, on me paie cher. Il faut être consciencieux.

Il fit de son mieux, et ce fut si bien que, dès ses premières scènes, son succès fut incontestable et de bon aloi.

— C'est enlevé, mon petit! lui dit gaîment quelqu'un du théâtre. Encore un acte comme ça, et feu Mr. Nourrit est enfoncé.

— Ah! tais-toi, malheureux! s'écria Adriani, qui avait connu et aimé l'admirable et excellent Nourrit, et qui vit sa fin tragique et déchirante repasser devant ses yeux comme l'abîme de désespoir où s'engloutit parfois la vie des grands artistes.

Il trouva dans sa loge le baron de West, qui le serra dans ses bras en pleurant.

— Je comprends tout! s'écriait le digne homme. C'est à cause de moi, c'est pour moi que vous en êtes réduit là! Je ne m'en consolerais jamais, si je n'étais sûr que c'est le dieu des arts qui l'a voulu et que vous tourniez le dos à la gloire en vous enterrant à la campagne. Allons! vous chanterez mon opéra avant qu'il soit trois mois! Où demeurez-vous, pour que j'aille vous exposer mon plan?

— Parlez-moi d'elle! s'écria Adriani. Où est-elle? Que savez-vous d'elle? L'avez-vous aperçue? Savez-vous...

— Quoi? qui, elle? Ah! oui; mais non. Je ne sais rien, sinon qu'elle n'a rien fait d'excentrique à propos de votre départ. On l'a vue dans son jardin comme à l'ordinaire. Elle ne paraissait pas plus malade ni plus dérangée d'esprit qu'auparavant. Attendez! oui, on m'a dit qu'elle partait, qu'on faisait des emballages chez elle. Elle doit être retournée à son rocher de Vaucluse. Le diable soit de cette veuve! Comment! vous y pensez tant que ça?

— Quand avez-vous quitté Mauzères? reprit Adriani.

— Il y a trois jours. J'arrive il y a une heure; je vois votre nom sur l'affiche; je crois rêver; je m'informe; je remets à demain le soin de dîner, et me voilà, non sans peine; il y a un monde!...

— On ne vous a rien remis pour moi?

— Qui? Où? Ah! là-bas? Mais non; je vous l'aurais dit tout de suite. Est-ce qu'elle ne vous écrit pas?

Adriani quitta le baron. Laure n'avait pas répondu à sa lettre, et elle retournait à Larnac. Que la volonté de Dieu soit faite! se dit-il. Elle ne m'aimait pas; tant mieux! Et cette heureuse solution lui arracha des larmes brûlantes.

— Monsieur a bien mal aux nerfs! lui dit Comtois, qui ne s'abaissait pas au métier d'habilleur d'un comédien, mais qui, resté à son service par attachement quand même, assistait à la représentation et venait le féliciter. Ça ne m'étonne pas que monsieur soit fatigué; il est obligé de tant crier! Tout le monde est très content de monsieur. On dit que monsieur a de l'ut dans la poitrine; j'espère que ça n'est pas dangereux pour la santé de monsieur? Mais si j'étais de monsieur, au lieu de boire comme ça une goutte d'eau dans l'entr'acte, je me mettrais dans l'estomac un bon gigot de mouton et une ou deux bonnes bouteilles de Bordeaux pour me donner des forces.

L'air final fut chanté par Adriani d'une manière vraiment sublime. C'était là qu'on l'attendait. Il y fut chanteur complet et acteur charmant; sa douleur fut dans l'âme plus qu'au dehors; mais ses poses étaient naturellement si belles et si heureuses, qu'on le dispensa de l'epilepsie. Il ne cria pas, malgré l'expression dont se servait Comtois; il chanta jusqu'au bout, et l'émotion produite en fut si vraie que ses amis laissèrent presque tomber le rideau sans songer à l'applaudir: ils pleuraient.

Aussitôt des cris enthousiastes le rappelèrent. Il y eut des dissidents, sans nulle doute, mais ceux-là ne comptent pas et se taisent quand la majorité se prononce. Adriani fit un grand effort sur lui-même pour revenir, de sa personne, recevoir l'ovation d'usage. Il lui semblait que, jusque là, il avait été *incognito* sur le théâtre, et qu'en cessant d'être le personnage de la pièce pour saluer et remercier la foule, il recevait d'elle le collier et le sceau de l'esclavage.

Aux premiers pas qu'il fit sur la scène pour subir son triomphe, une couronne tomba à ses pieds. En même temps, une femme, vêtue de rose et couronnée de fleurs, rentra précipitamment dans la baignoire d'avant-scène, où, cachée jusque-là, elle n'avait pas été aperçue par

Adriani. Il ne fit que l'entrevoir en ce moment, et elle disparut comme une vision.

— Je suis fou, pensa-t-il, je la vois partout ! Une robe rose ! des fleurs ! Elle ici ! Allons donc, malheureux ! Rentre en toi-même et ramasse ce tribut de la première femme venue !

Il s'avança pourtant jusqu'à la rampe, au milieu d'une pluie de bouquets, tenant machinalement la couronne, et plongeant du regard dans la loge où ce fantôme lui était apparu. La loge était vide et la porte ouverte.

## XVI.

Il fut arrêté quelque temps dans les couloirs intérieurs, après qu'on eut baissé le rideau, par les félicitations de tout le personnel du théâtre. La sympathie comme l'envie eurent pour lui d'ardents éloges ; l'envie, au théâtre, est même un peu plus complimenteuse que l'admiration.

Comme il arrivait à sa loge, Comtois, d'un air radieux dans sa bêtise, accourut à sa rencontre, en lui criant d'un air mystérieux :

— Monsieur, madame est là !

— Madame ? dit Adriani, qui eut comme un éblouissement et fut forcé de s'arrêter.

— Eh ! oui, lui dit le baron accourant aussi : c'est inouï, mais cela est ! Ah ! on vous aime, à ce qu'il paraît ! Ce n'est pas étonnant ! vous êtes si beau ! Ma foi ! elle est diablement belle aussi ; je ne la croyais pas si belle que ça !

Adriani n'entendit pas le baron ; il était déjà aux pieds de Laure. Mais il fut forcé de se relever aussitôt : dix personnes, suivies de beaucoup d'autres, faisaient invasion dans sa loge. Il était si éperdu qu'il ne savait pas qui lui parlait, ni ce qu'on lui disait. Il vit bientôt tous les regards se porter sur Laure avec étonnement avec admiration.

Elle était, en effet, d'une beauté surprenante dans sa toilette de soirée. Les bras nus, le buste voilé, mais triomphant de magnificence sous des flots de rubans, la tête parée de fleurs qui ne pouvaient contenir sa luxuriante chevelure ondulée, la figure animée par une joie sérieuse, le regard franc et tranquille, l'air modeste sans confusion et l'attitude aisée comme celle de la loyauté chaste, elle semblait dire à tous ces hommes curieux et charmés :— Eh bien ! voyez-moi ici ; je ne me cache pas !

Toinette, en robe de soie et en bonnet à rubans, ressemblait assez à une fausse mère d'actrice. Son embarras était risible et on chuchotait déjà sur la belle maîtresse qu'Adriani venait d'acheter, on lui en faisait compliment en des termes qui l'eussent exaspéré, s'il n'eût pas été comme ivre, lorsqu'à une invitation de venir souper qui lui fut faite, Laure se leva.

— Pardon, messieurs, dit-elle d'un son de voix qui arracha une exclamation à plusieurs des dilettanti présens à cette rencontre, je suis forcée de vous enlever Adriani. Nous sommes venues de loin pour l'entendre et le voir. Il faut qu'il soupe avec nous. Et comme on souriait de la naïveté de cette déclaration, elle ajouta d'un ton qui sentait, je ne dirai pas la femme du monde, mais la femme haut placée par son éducation et ses mœurs. Nous sommes des provinciales et nous agissons avec la franchise de nos coutumes. Nous en avons le droit vis-à-vis de lui.

— Oui, madame, répondit Adriani en baisant la main de Laure avec un profond respect. Je suis bien fier de vous voir réclamer les droits de l'amitié, et celle que vous daignez m'accorder est le seul vrai triomphe de ma soirée.

Laure prit alors le bras du baron de West, et le pria de la conduire à la voiture, où elle attendrait qu'Adriani eût quitté son costume pour la rejoindre.

Il se hâta, au milieu d'un feu croisé de questions.

— Cette dame ? dit-il avec cet accent de conviction profonde qui imposa malgré qu'on en ait c'est la femme que je respecte le plus au monde. Son nom ne vous apprendrait rien. Elle est de la province, elle vous l'a dit.

— Parbleu ! dit le baron en rentrant, elle n'est pas venue ici en cachette ; vous pouvez bien dire qui elle est !

— Vous avez raison, dit Adriani, qui sentit qu'un air de mystère compromettrait Laure, tandis que l'assurance de la franchise triompherait des soupçons jusqu'à un certain point : c'est la marquise de Monteluz.

— Laure de Larnac ! s'écria une des personnes présentes. Je ne la reconnaissais pas. Comme elle est embellie ! Une personne qui chantait comme aucune cantatrice ne chante ! une musicienne consommée, là ! un talent sérieux ! Je ne m'étonne pas qu'elle traite Adriani comme son frère ! Messieurs, pas de propos sur cette femme-là ! Elle a aimé comme on n'aime plus dans notre siècle ; son mari ne doit être jaloux de personne, pas même d'Adriani, ce qui est tout dire.

— Mais elle est veuve ! dit le baron.

— Vrai ? Eh bien ! puisse-t-elle vous épouser,

Adriani ! Je ne vous souhaite pas moins, et vous ne méritez pas moins.

Adriani serra vivement la main de celui qui lui parlait ainsi, et courut rejoindre Laure.

— Où allez vous ? lui dit-il avant de donner des ordres au cocher.

— Chez vous, répondit-elle. J'ai bien des choses à vous dire ; mais je ne peux pas m'expliquer comme cela en courant, et je vous demande le calme d'une audience.

Adriani était suffoqué de joie et parlait comme dans un rêve.

Il était logé, presque pauvrement, dans un local assez spacieux pour que sa voix n'y fût pas étouffée et brisée dans les études ; mais il était à peine meublé. Résolu à se contenter du strict nécessaire, afin de s'acquitter plus vite et plus sûrement, il était installé, non comme un homme qui doit dépenser, mais comme un homme qui doit économiser cent mille francs par an.

Comtois, qui était réellement précieux comme valet de chambre, et qui, sachant enfin les faits, ne pouvait plus refuser son estime à son artiste, suppléait à cette sorte de pénurie volontaire par des soins et des attentions qui marquaient de l'attachement et qui empêchèrent Adriani de s'en séparer, bien qu'une domestique lui parût un luxe dont il eût pu se priver aussi.

Grâce à Comtois, un ambigu assez convenable attendait Adriani à tout événement. Il se hâta d'allumer le feu, car il faisait froid, et l'artiste souffrait de voir sa belle maîtresse si mal reçue.

— Vous me donnez une meilleure hospitalité, lui dit-elle, que celle que je vous ai offerte au Temple dans les premiers jours.

Et se mettant à table avec lui et Toinette, elle regarda avec attendrissement la simplicité du service et la nudité de l'appartement.

— Je m'attendais à cela, dit-elle. C'est bien ! Tout ce que vous faites est dans la logique du vrai et du juste.

— Est-il possible, s'écria-t-il, que vous....

— Mangez donc, répondit-elle. Nous causerons après. Et moi aussi, je meurs de faim. Je suis arrivée ce matin, j'ai couru toute la journée, savez-vous pourquoi ? Pour arriver à ce joli tour de force de me faire habiller à la mode en douze heures. Je voulais être belle et parée pour avoir le droit de vous jeter une couronne et de me présenter dans votre loge. N'est-ce pas la plus grande fête de ma vie, et n'êtes-vous pas pour moi le premier personnage du monde ?

— Et cette robe rose ! dit Adriani en portant avec ardeur à ses lèvres un des rubans qui flottaient au bras de Laure ; je ne vous avais jamais vue qu'en blanc.

— Mon deuil est fini, dit-elle, et j'ai cherché la couleur la plus riante pour vous porter bonheur.

Quand Toinette emporta le souper avec Comtois,

— Mais parlez-moi donc ! dit Adriani à Laure, dites-moi si je rêve, si c'est bien vous qui êtes là, et si vous n'allez pas vous envoler pour toujours ! Tenez, je crois que je suis devenu fou, que vous êtes morte et que c'est votre ombre qui vient me voir une dernière fois.

Adriani, répondit-elle, écoutez-moi. Et, s'agenouillant sur le carreau avec sa belle robe de moire, sans qu'Adriani, stupéfait, pût comprendre ce qu'elle faisait, elle prit ses deux mains et lui dit : Vous vous êtes offert à moi tout entier et pour toujours. Je ne vous ai point accepté, je ne peux pas vous accepter encore, je n'en ai pas le droit. Je ne vous ai pas assez prouvé que je vous méritais. Il ne faut donc pas que la question soit posée comme cela. Si vous voulez que je sois tranquille et confiante, il faut que ce soit vous qui m'acceptiez telle que je suis, par bonté, par générosité, par compassion, par amitié ! Comme vous me demandiez de vous souffrir près de moi, je vous demande de me souffrir auprès de vous. Mes droits sont moindres, je le sais, car vous m'offriez une passion sublime et toutes les joies du ciel dans les trésors de votre cœur. Je n'ose rien vous dire de moi. Il y a si peu de temps que j'existe je suis née le jour où je vous ai vu pour la première fois), que je ne me connais pas encore. Mais je crois que je deviendrai digne de vous si je vis près de vous. Laissez-moi donc apprendre à vous aimer, et quand vous serez content de mon cœur, prenez ma main et chargez-vous de ma destinée.

Adriani fut si éperdu qu'il regardait Laure à ses pieds et l'écoutait lui dire ces choses délirantes, sans songer à la relever et à lui répondre. Il tomba suffoqué sur une chaise et pleura comme un enfant. Puis, il se coucha à ses pieds et les baisa avec idolâtrie. Laure était à lui toute entière par la volonté, et cette possession divine, la seule qui établissait la possession vraie, suffisait à des effusions de bonheur, à des ivresses de l'âme qui devaient rendre intarissable les félicités de l'avenir.

## CONCLUSION.

Trois ans après, monsieur et madame Adriani, car ils ne prenaient le nom de d'Argères que sur les actes, suivaient, en se tenant par le bras et par les mains, le sentier des vignes pour aller revoir le Temple. Non-seulement Adriani, soutenu et encouragé par sa compagne dévouée, avait gagné en France et en Angleterre la somme qui le rendait propriétaire de Mauzères, mais encore il avait pu faire embellir cette demeure, rajeunir le mobilier classique du baron, se créer là une retraite commode et charmante. Enfin, il était arrivé à l'aisance, à la liberté, et il devait ces biens à son travail. Loin d'amoindrir son talent et d'épuiser son âme, le théâtre avait développé en lui des facultés nouvelles. Il avait acquis la connaissance des effets véritables, l'entente des masses musicales. Il savait le théâtre, en un mot, non pas seulement comme virtuose, mais comme compositeur, dans une sphère plus étendue que celle où il s'était renfermé seul auparavant. Il n'avait pas, comme le baron de West, ébauché le plan d'un opéra. Il apportait des opéras plein son cœur et plein sa tête, de quoi travailler à loisir et créer avec délices tout le reste de sa vie. Il n'entrait donc pas dans l'oisiveté du riche en venant prendre possession de son manoir.

Trois ans plus tôt, il n'eût sans doute pas oublié l'art, mais il se fût arrêté dans son essor ; et qui sait si Laure ne l'eût pas entravé dans ses progrès, en lui persuadant et en se persuadant à elle-même qu'il n'en avait point à faire ? L'artiste meurt quand il divorce avec le public d'une manière absolue. Il lui est aussi nuisible de se reprendre entièrement que de se donner avec excès. Il s'épuise à demeurer toujours sur la brèche La lutte ardente et passionnée arrive, à la longue, à troubler sa vue et à n'exciter plus que ses nerfs. Il a besoin de rentrer souvent en lui-même, et de se poser face à face, comme Adriani l'avait dit, avec l'humanité abstraite. Mais une abstraction ne lui suffit pas continuellement : elle arrive à le troubler aussi, et tout excès de parti pris conduit aux mêmes vertiges.

Adriani avait souffert, musicalement parlant, pendant ces trois années d'épreuves. Il avait été forcé de chanter de mauvaises choses, il les avait entendu applaudir avec frénésie. Il s'était reproché d'y contribuer par son talent. Il avait maintes fois maudit intérieurement le mauvais goût triomphant des œuvres du génie.

Mais il avait lutté pour le génie, et quelquefois il avait fait remporter à Mozart, à Rossini, à Weber, des victoires éclatantes. Il avait été trahi, persécuté, irrité comme le sont tous les artistes redoutables ; mais, soutenu dans ces épreuves par le caractère tranquille, généreux et ferme de sa femme, récompensé par un amour sans bornes, par une sorte de culte dont les témoignages avaient une suavité d'abandon inconnus à la plupart des êtres, il s'était trouvé si heureux qu'il avait à peine senti passer les souffrances attachées à sa condition. Un mot, un regard de Laure, effaçaient sur son front le léger pli des soucis extérieurs. Un baiser d'elle sur ce front si beau y faisait rentrer, comme par enchantement, la sérénité de l'idéal, ou l'enthousiasme de la croyance.

Installés définitivement à Mauzères, comme dans le nid où chaque essor de leurs ailes devait les ramener pour se reposer et se retremper dans la sainte possession l'un de l'autre, ils venaient faire un pèlerinage à cette triste maison qui était comme le paradis de leurs souvenirs. Elle était aussi bien entretenue que possible par le vieux gardien Ladouze et par la fidèle et rieuse Marlotte. Ils y retrouvèrent donc cet air de fête qu'Adriani y avait apporté un jour d'espérance, et Toinette, qui avait pris les devants, avec le *trésor* dans ses bras, leur en fit les honneurs.

Le *trésor* avait un an. Il s'appelait Adrienne. Cela parlait déjà un peu et roulait sur le gazon, sous prétexte de savoir un peu marcher. C'était le plus ravissant petit être que l'amour qui s'y entend bien, eût offert aux bénédictions de la providence et aux baisers d'une famille. Adriani, contrairement aux instincts ou aux préjugés de la plupart des pères, était enchanté que ce fût une fille. La perfection, selon lui, était une femme, puisque Laure était femme.

L'enfant entendait ou sentait déjà la musique, et quand son père et sa mère unissaient leurs âmes et leurs voix dans une chanson de berceuse faite à son usage, ses yeux s'agrandissaient dans ses joues rebondies, et son regard fixe semblait contempler les merveilles de ce monde divin, dont les marmots ont peut-être encore le souvenir.

— Explique-moi donc dit Adriani à sa femme en l'attirant doucement contre son cœur, l'enfant était enlacé à son cou, comment il se fait que tu m'aimes ! Je t'avoue que je n'y crois pas encore, tant je comprends avec peine qu'un ange soit descendu à mes côtés et m'ait suivi dans les étranges et rudes chemins où je t'ai fait marcher !

Et il se plut à lui rappeler ce que, depuis trois ans, elle avait supporté en souriant pour l'amour de lui ; les malédictions de sa famille, l'abandon de son ancien entourage, l'étonnement du monde, la vie si peu aisée dans les commencements, si retirée à l'habitude ; car Laure n'avait voulu se procurer aucun bien-être, tant que son amant se l'était refusé à lui-même. Leur intérieur avait été si modeste, que, relativement à ses jeunes années et au séjour de Larnac, le séjour de Paris et de Londres avait été pour elle presque rigide d'austérité. Comme elle avait changé aussi toutes ses idées pour arriver à s'intéresser à la destinée d'un artiste vendu et livré à la foule ! Comme, du jour au lendemain, elle avait abjuré toutes ses notions sur la dignité de l'art et sur le mystère du bonheur, pour venir, du fond de ce désert, saluer, en plein théâtre, le triomphe d'un débutant !

— Dis-moi donc, redis-moi donc toujours, s'écria-t-il, ce qui s'est passé en toi, ici, le jour où tu as connu ma résolution et reçu mes adieux !

— Tu le sais, répondit-elle, quoique je n'aie jamais pu te le bien expliquer ; j'ai senti que j'allais mourir, voilà tout. Je ne comprenais rien sinon que tu renonçais à moi ; et, pardonne-le-moi, j'ai cru que tu ne m'aimais plus, puisque tu me disais de t'oublier. Tes belles raisons me paraissaient si niaises devant mon amour....

— Tu m'aimais donc déjà à ce point ?

— Certainement, mais je ne le savais pas. Je ne l'ai su qu'au moment où je me suis dit : Je ne le reverrai donc plus ! Alors j'ai eu un dernier accès de délire. Je me suis jetée sur mon lit, enveloppée d'un drap comme d'un linceuil, et j'ai dit à Toinette, qui me tourmentait : Laisse-moi, couvre-moi la figure, ne me regarde plus, va faire creuser dans un coin du jardin, et rappelle-toi la place, pour la lui montrer, s'il revient jamais ici.

« Toinette m'a répondu, me parlant comme quand j'étais enfant : Ecoute, ma Laure, il t'attend là-bas ! Il s'impatiente, il se désole, il croit que tu ne veux plus de lui parce qu'il est malheureux. Lève-toi et viens le trouver.

» Je me suis levée, j'ai demandé où était la voiture, et puis j'ai pleuré, j'ai ri, je me suis calmée. J'ai vu clair alors dans l'avenir, j'ai relu ta lettre, je l'ai comprise, j'ai mis ordre à mes affaires avec la plus grande liberté d'esprit. J'ai été à Larnac, je n'ai rien dit à ma belle-mère, sinon que je partais pour longtemps ; je lui ai renouvelé tous ses pouvoirs au gouvernement de Larnac et à la disposition de mes revenus, au cas où elle consentirait à se relâcher du scrupule qu'elle met à me les faire passer sans en rien retenir pour elle-même. J'ai bien vu qu'elle était fort contrariée de me voir si raisonnable dans toutes ces choses positives, au moment où elle me faisait passer pour aliénée auprès de la famille. J'ai compris que, pour la soulager d'une grande anxiété, je devais m'enfermer dans ma chambre, ne voir personne et passer pour maniaque. Pendant six mois elle a réussi à faire croire ou au moins à faire dire que j'étais à Paris dans une maison de santé. Quand la vérité a éclaté comme la foudre, quand les âmes charitables ont refusé de croire que le mariage eût sanctionné notre amour, préférant l'idée d'un caprice de galanterie de ma part à la certitude d'une mésalliance, tu sais quelle sèche malédiction m'a été lancée. Eh bien, pas plus dans l'attente de cet anathème que dans son accomplissement, je n'ai pensé te faire un sacrifice. J'obéissais à mon égoïsme bien avéré pour moi-même, je ne pouvais vivre sans toi ; je cherchais la vie, voilà tout !

— Et depuis, cette aversion que tu avais ressentie auparavant pour l'état que j'ai embrassé n'est jamais revenue troubler ton bonheur ?

— Je ne m'en suis jamais souvenue. Je m'étais donc bien cruellement prononcée là-dessus ?

— Mais oui, autant que moi-même !

— Eh bien ! c'est à cause de cela ! Tu ne voulais pas être comédien, je haïssais l'état de comédien. Tu t'es fait comédien, j'ai reconnu que c'était le plus bel état du monde.

— Pas pour toujours !

— C'eût été pour toujours si tu en avais jugé ainsi. Voyons, n'ai-je pas été, pendant ces trois années, l'être le plus heureux de la terre ? Outre ton amour, qui eût suffi, et au delà, à tous mes désirs, ne m'as-tu pas entourée d'amis excellents, d'artistes exquis, de jouissances élevées ? Comment aurais-je pu, dans ce milieu si charmant et si affectueux, regretter les grands oncles et les petits cousins de Vaucluse ? En vérité, tu as l'air de te moquer de moi, quand tu me rappelles mon isolement et mon obscurité. Est-ce que, dans le cas où j'aurais aimé l'éclat, je n'avais pas ta gloire ? C'est bien plutôt moi, qui devrais m'étonner qu'un homme tel que toi ait pu apercevoir et ramasser, dans ce coin perdu, la pauvre désolée, à moitié idiote ! Oui, oui, je m'étonne rais, si je ne savais que les grandes âmes sont seules capables des grands amours.

— Non, dit Adriani, mêlant sous ses baisers les cheveux blonds de sa fille aux noirs cheveux de sa femme, il n'est pas nécessaire d'être un homme supérieur pour savoir aimer ! C'est aussi une erreur monstrueuse de croire que les grandes passions soient la fatalité des âmes faibles. L'amour n'est ni une infirmité ni une fatalité surnaturelle...

— Tu as raison, dit Laure en l'interrompant, l'amour, c'est le vrai ! Il suffit de n'avoir ni le cœur souillé ni l'esprit faussé, pour savoir que c'est la loi la plus humaine, parce que c'est la plus divine.

Ils rentrèrent de bonne heure à Mauzères pour y recevoir le baron, dont ils attendaient la visite. Le baron n'avait pas réalisé ses rêves de gloire et de fortune à l'Opéra, mais il avait reçu une mission archéologique pour explorer l'Asie-Mineure et une partie de l'Egypte, et il venait de la remplir d'une manière assez brillante. Il était donc tout rajeuni et tout radieux, et passa l'automne avec ses deux amis, avant d'entreprendre de nouvelles conquêtes sur l'antiquité.

Laure tenta, par tous les moyens, de ramener à elle sa belle-mère. La marquise fut implacable et prédit à l'heureuse compagne d'Adriani une vie d'abandon, de désordre et de honte. Un comédien ne pouvait être honnête et fidèle. Il ruinerait sa femme et déshonorerait ses enfants. Je ne sais pas si elle ne fit pas un peu entrevoir l'échafaud en perspective. Cependant elle fit une grave maladie et envoya son pardon. Elle se rétablit rapidement et le révoqua. Les infirmités l'adouciront peut-être.

Toinette, considérée en Provence comme une infâme entremetteuse, passa avec raison, en Languedoc, pour une excellente femme. Elle est traitée par les deux époux comme une inséparable amie.

Comtois continue à être fort sujet aux maux de dents ; mais l'admission de sa famille dans la maison de son maître l'a réconcilié avec l'air vif du Vivarais. Il continue à tenir son journal et l'enrichit de réflexions intéressantes sur la musique, sujet où il est devenu si compétent que personne n'ose ouvrir la bouche devant lui, pas même Adriani, qui redoute beaucoup ses dissertations en tout genre, mais qui l'a rendu fort heureux en lui donnant de la copie à faire.

Comtois n'avait jamais perdu l'habitude d'enregistrer, à son point de vue, les moindres actions de son maître. Pendant trois ans il l'avait désigné sous le titre amical de *mon artiste*. Mais du jour où Adriani rentra comme châtelain dans son domaine de Mauzères, Comtois se remit à écrire respectueusement : *Monsieur*.

GEORGE SAND.

FIN.

# PARIS FUTUR.

Paris ne sera véritablement Paris qu'au vingtième siècle. On a beau démolir la vieille ville du moyen-âge, percer des rues nouvelles, marier des palais avec des traits d'union, bâtir des kilomètres de boutiques, planter des promenades, inventer des rivières, creuser des étangs artificiels ; Paris, malgré ces heureuses révolutions maçonniques, restera toujours la ville pluvieuse, la ville sombre, la ville fangeuse, la ville embarrassée d'Henri IV et de Boileau. Il faut rendre enfin Paris habitable, et surtout instituer le divorce de l'homme et du parapluie. L'homme ne naît pas pour ouvrir et fermer un parapluie jusqu'à sa mort.

La pluie est, depuis Pharamond, élu sous un *parois* (parapluie), la geôlière des Parisiens. Tout Parisien est condamné en naissant, par la pluie, à dix ans de prison. Cela dure depuis quatorze siècles. On s'est insurgé contre toutes les tyrannies, on les a toutes renversées ; deux tyrannies seules sont encore debout : la pluie et le portier !

*C'est le soleil d'Austerlitz !* a dit Napoléon plusieurs fois. Ces quatre mots font réfléchir. Il y avait donc un soleil à Austerlitz, bataille livrée le 2 décembre, au nord. Nous lisons aussi, dans les histoires, cette phrase : « *Ce fut un beau spectacle ! Les cuirassiers de Caulincourt se précipitaient sur la grande redoute, défendue par soixante pièces de canon, et au même moment le soleil, voilé depuis le matin, resplendit sur les cuirasses des cavaliers.* »

La scène se passe au mois de septembre, à Borodino, près de Moscou, dans un pays où le soleil n'est connu que de réputation, ce qui oblige tous les czars, depuis Pierre le petit, à regarder toujours l'Orient, comme des Tantales glacés.

Austerlitz, Borodino, Moscou nous prouvent donc qu'il y a un procédé ingénieux pour nous donner du soleil, même en plein hiver, même en plein nord. Il s'agit de tirer force coups de canon. Le 2 décembre 1805 et le 7 septembre 1812, Austerlitz et Borodino auraient gardé leur éternelle coupole de brouillard pluvieux ; heureusement, la France passe par là, tire quelques milliers de coups de canon, et montre le soleil aux Moscovites ébahis. Le général russe Bagration, blessé sur la grande redoute, prononça en tombant ces mémorables paroles : « *Je meurs content ; j'ai vu le soleil.* » Il nous devait ce bonheur.

Ces grands exemples historiques seront-ils perdus pour l'avenir atmosphérique de Paris ? Non. Le remède sera d'abord accueilli comme un paradoxe ; puis il aura le sort de tous les paradoxes ; il sortira de son puits, un miroir à la main. Les édiles futurs, exonérés des emprunts de cinquante millions, élèveront un jour douze tours cyclopéennes, une par arrondissement ; des tours de cent mètres de hauteur, ce sera déjà superbe, comme point de vue. Le sommet de chaque tour sera garni d'une batterie circulaire de cent pièces de canon, et au moindre nuage levé sur un point cardinal quelconque, feu partout ! Le nuage ira faire ses rassemblements autre part qu'aux portes Saint-Martin ou Saint-Denis ; il ira crever sur la campagne et féconder les jardins ; on n'en reverra plus trace au dessus de Paris.

C'est la guerre déclarée aux ennemis de l'air. Tant pis pour les marchands de parapluies, successeurs de Pharamond ; ils changeront de métier comme les aubergistes des diligences et les postillons. Les Parisiens diront chaque jour, en passant à pied sec devant la colonne Vendôme : Voilà le soleil d'Austerlitz ! Trois cent soixante-cinq soleils d'Austerlitz par an.

Les marchands de parapluies vendront des ombrelles, s'ils ne veulent pas changer d'état. Mais ce n'est pas le seul service que peuvent rendre les douze tours des douze arrondissements.

Sous les dernières années du règne oisif de Louis Philippe, on a vu, sur la place du Carrousel, un phare qui ressemblait à une miniature du soleil. Simple essai, modeste germe d'une chose immense qui doit resplendir un jour, c'est-à-dire une nuit, sur les vingt mille toits de la capitale. On centuplera, dix fois s'il le faut, la puissance lumineuse du phare du Carrousel ; on fera tourner douze soleils de flamme électrique, ou de *but-lite*, au sommet des douze tours *imbrifuges*, et chaque soir le jour sera rallumé, après le coucher du soleil ; on supprimera la nuit odieuse, *nox etra*, cette mère des crimes, cette complice des larrons et des assassins. On y verra clair en plein minuit. Plus de patrouilles grises ; plus de sentinelles enrhumées ; plus de rondes-major ; plus d'explosions de gaz ; plus de garde nationale. Que de bienfaits !

Poursuivons cette œuvre d'avenir.

Autre paradoxe : il n'y a pas de fontaines à Paris. La naïade qui croit que les flots sculptés par Jean Goujon lui appartiennent, *fluctus credidit esse suos*, se trompe. Une naïade est obligée par sa profession à faire de l'eau claire, et les porteurs d'eau ne pêchent qu'une eau trouble dans les fontaines de Paris. Comment se fait-il que Paris, ville essentiellement académique, ville qui a imité les Romains dans les comédies, les tragédies, les arcs de triomphe, les colonnes votives, les temples, les séditions populaires, à tel point que Paris aurait vécu quatorze siècles, les bras croisés, si Rome n'avait pas inventé les colonnes, les tragédies, les batailles, les places Vendôme, les chambres des députés, les pleins-cintres, les génies suspendus sur le pied droit, les Renommées, les cirques, les séditions de forum, les Brutus, les Cassius, les guerres civiles, les vers alexandrins, les avocats, les Champs-de-Mars, les esclaves insulteurs, les colonnes rostrales, les statues de jardins, les femmes libres, les saturnales ; comment se fait-il, dis-je, que Paris ait oublié les aqueducs d'eau de source, dans ses innombrables imitations ? Les aqueducs ! quelle lacune ! les Romains avaient une rivière aussi, une rivière jaune, comme la Seine ; ils auraient pu faire couler des échantillons du Tibre non filtré dans des fontaines artificielles ; mais leurs édiles avaient trop de respect pour les augustes lèvres du peuple-roi. Ils construisaient, à frais énormes, des successions infinies de lignes monumentales, *qui apportaient l'eau au peuple-roi sur des arcs de triomphe*, selon la belle expression de Chateaubriand. Dès qu'on découvrait une source de qualité supérieure, une eau-Laffitte, une malade Chambertin, comme l'*eau-vierge*, par exemple, on prenait ce trésor liquide et on le lançait aux lèvres altérées des Romains, à travers trente kilomètres d'aqueducs. Tant pis pour les marchands de falerne frelaté, ou de massique baptisé d'eau lustrale ! Le peuple, amoureux de la naïade nouvelle, s'enivrait dans une orgie hydraulique, et désertait les antres des faux Bacchus, couronnés de lierre, aux angles des carrefours.

L'imitation parisienne sera tardive, mais elle viendra. Paris aura des fontaines sérieuses, comme la *Barcaccia*, comme *Trevi*, et la place *Navone*. Il est temps que l'on boive de l'eau dans le département de la Seine. Les faux Bacchus ont assez fait de mal aux amateurs de campêche liquéfié. La Seine, comme le Tibre, est une pourvoyeuse de baignoires ou une école de natation ; elle ne coule pas pour abreuver des gosiers humains : si on voyait au microscope solaire les infâmes atomes qu'elle charrie, on mourrait de soif devant un verre de son eau. Dans le Midi, la bonté savoureuse des eaux de source rend les peuples sobres, et leur épargne le vice de l'ivrognerie. Cette hideuse locution *pourboire*, passée dans les mœurs du nord, flétrirait l'ouvrier méridional, s'il s'en servait. On ne se fortifie pas avec du campêche alcoolisé. A Rome, les athlètes buvaient de l'eau ; Milon de Crotone n'est jamais entré chez un marchand de vin, et il assommait un bœuf d'un coup de poing ; si nous croyons à l'hyperbole, mettons au veau, ce ne sera déjà pas mal. Les collines des environs de Paris sont des réservoirs immenses qui attendent des lignes d'aqueducs et des sociétés par actions, pour inonder nos fontaines de naïades vierges ; il en viendra du Haut-Meudon, de Franconville, d'Ermont, de Saint-Leu-Taverny, de toutes ces collines ou petites montagnes, voisines de Paris, comme les hauteurs du Soracte et de Tibur sont voisines de Rome, distance égale à peu près. La Providence n'éloigne jamais ses réservoirs de la lèvre des altérés, elle qui a dit, *donnez à boire à ceux qui ont soif*. Cet ordre ne s'adressait pas aux marchands de vins.

Cette même bonne Providence veille sur Paris avec un soin tout maternel, et sa vigilance redouble à mesure que les voies de circulation s'encombrent de roues, de chevaux et de piétons. Autre chose promise à l'avenir. Ce que nous voyons aujourd'hui sur nos boulevards ne peut pas durer longtemps ; c'est imposer trop de soins à la Providence, gardienne économique du pavé public et du macadam.

Choisissez sur le boulevard un point d'observation ; par exemple, l'espace qui sépare le passage Jouffroy du passage des Panoramas. On assiste, pendant des heures entières, à un étrange spectacle. Au milieu, roulent, marchent, volent, galopent, dans un pêle-mêle affreux, les fiacres, les omnibus, les coupes, les citadines, les mylords, les équipages, les charrettes, les camions, les diligences, les tilburys, les trains d'artillerie, toutes les machines inventées pour broyer les pavés, écraser les orteils, tuer les chevaux, étourdir les oreilles, arrêter les passants. Dans ce tourbillon se démènent sur la pointe des pieds, le parapluie en main, de hardis piétons, plus compromis que des Turcs dans une sortie de Silistria.

Sur le seuil des passages, hommes et femmes, immobiles comme les ombres du Styx, *ripa ulterioris amore*, attendent le moins dangereux des moments pour traverser ce boulevard hérissé de périls, ce détroit de Magellan, où les écueils mobiles se croisent ; ce long archipel où les Cyclades attelées poursuivent les voyageurs ; ce gouffre sombre où deux yeux ne suffisent plus pour voir Charybde à gauche et à droite Scylla. Et nous ne sommes encore qu'à la première époque du Paris-Aurélien ! La voie Appienne n'a pas encore planté ses deux bornes milliaires sur les deux mers.

Vienne un chemin de fer complet ; vienne seulement l'année 1855, avec son concours olympique, et nous verrons des piétons trop prudents ou pusillanimes retenus des journées entières sur l'un des côtés du boulevard, sans trouver une faible éclaircie d'un moment qui leur promette un passage heureux. Les ombres du Styx attendaient un siècle quelquefois pour passer de l'autre côté, mais elles avaient cette patience que donnent l'absence des affaires et la mort.

Le jour qui verra une distraction de la Providence sur ce passage du boulevard verra aussi éclater une proposition au sein des édiles parisiens. Une voix municipale dira : Puisqu'on jette des ponts sur les fleuves morts, il faut en jeter sur les fleuves vivans. Des actionnaires peut-être se réuniront pour bâtir ces ponts à leurs frais, et ils feront fortune, si on les autorise. Le premier pont qui servira de modèle sera construit entre le passage Jouffroy et les Panoramas, au confluent de deux villes énormes, dont l'une a toujours des affaires urgentes chez l'autre.

Ce pont aura une arche colossale ; on le traversera en montant deux larges escaliers ; il sera surmonté d'une galerie couverte, avec restaurans, cafés, cabinets de lecture, ayant fenêtres et balcons ouverts sur les deux horizons du boulevard. Le succès d'un premier pont déterminera d'autres actionnaires à opérer sur d'autres points. On traversera les boulevards comme on traverse la Seine, depuis les Invalides jusqu'au Jardin des Plantes ; les périls de la traversée seront supprimés sur la terre et sur l'eau, et la Providence respirera. Ces ponts jetés sur les boulevards feront créer un genre nouveau en architecture monumentale ; ils marieront leurs grandes lignes aux toitures infinies des édifices et aux majestueuses perspectives des horizons.

Mais de toutes ces améliorations promises à l'avenir, la plus importante est sans contredit celle qui purifiera l'atmosphère parisienne, rendra la pluie moins fréquente, et saura tenir à distance ce nuage intolérable qui crache éternellement au visage d'une honnête population. Puisque Pharamond a commis l'énorme faute de fonder une ville sur un terrain toujours exposé aux débordemens de l'urne des tristes Hyades, il faut songer à corriger de notre mieux la bévue topographique de ce royal industriel, marchand de parois.

Mais, mettant la chose au pire, supposons maintenant que ces douze tours ne seront jamais des parapluies ; qu'elles auront moins d'efficacité que les canons d'Austerlitz, de la Moskowa, des Invalides, et qu'enfin elles resteront debout, dans leur inutilité monumentale, comme les fortifications bâties par Louis-Philippe autour de Paris ; eh bien ! on peut leur donner d'autres destinations ; d'abord, celle de servir de candélabres cyclopéens aux soleils nocturnes de gaz électrique, et, au besoin, d'annoncer véridiquement, par la main d'un horloger artilleur, les quatre divisions des heures à ce bon peuple parisien, qui passe la moitié de sa vie à demander l'heure qu'il est. Les montres invalides et les cadrans menteurs, trouveraient ainsi un correctif sonore, à toutes les quinze minutes du jour. Enfin, si, comme nous le pensons, ces douze tours répondaient à la triple destination de chasser les nuages, d'éclairer Paris, et de tirer l'heure, le bon peuple aurait là, devant lui, un amusement continuel, moins coûteux et aussi émouvant que la loterie. Cette guerre aérienne, la seule possible dans un très prochain avenir, aura un intérêt toujours nouveau, et jamais épuisé.

Le peuple n'aura pas à consulter des bulletins et des dépêches télégraphiques ; il lira chaque bataille sur la grande page du ciel. En été, le vent du sud, généralissime des nuages, conduira son armée, par vieille habitude, sur les frontières de Paris. La tour du dixième arrondissement tirera le canon d'alarme, et on répondra sur toute la ligne avec des voix d'Austerlitz. Ce sera toujours très court, mais toujours très décisif. Si la bataille se prolongeait, le peuple perdrait trop de temps sur les places publiques et sur les toits. Pourquoi Louis-Philippe n'a-t-il pas employé à combattre cette pluie toujours présente, une partie des millions, consacrés circulairement à combattre des ennemis qui ne se présenteront jamais ? L'avenir, qui vient toujours trop tard pour les vivans, verra ces choses, et bien d'autres encore, car le monde est né, ces jours-ci, de l'union de la vapeur et du chemin de fer. Tout ce qui existait avant-hier n'a plus sa raison d'être ; l'ordre nouveau est déjà l'antipode de l'ancien ; l'impossible va régénérer le monde ; les intérêts ne désunissent plus, ils unissent ; Nelson fraternise avec d'Estaing ; il n'y a plus de distance ; les roues sont des ailes, les montagnes des corridors, les navires des arches de ponts, les océans des ruisseaux. Que va-t-il donc se passer après notre génération ? Il est permis de supposer l'incroyable, de rêver le merveilleux, d'admettre l'infini. Nos heureux enfans vont recommencer la Génèse. Que ne sommes-nous nos enfants !

MÉRY.

FIN.

www.ingramcontent.com/pod-product-compliance
Lightning Source LLC
LaVergne TN
LVHW050620090426
835512LV00008B/1581